# 薛丁格的貓

## 掌握選擇，利用運氣，操控機率，
## 讓你成就事業並獲得財富的致勝法則

# SCHRÖDINGERA'S CAT!

mastering choices, leveraging luck,
and influencing probabilities——
a winning strategy for
achieving success and wealth.

何聖君——著

# 前言

讓我們來做一個思想實驗。

請想像有一隻貓，牠被關在一個密閉的箱子之中，箱子裡有一瓶毒氣和一個放射性原子，瓶子上方懸掛著一個鐵錘，鐵錘由電子開關控制。只要觸發開關，鐵錘就會落下，打碎瓶子，裡面的有毒氣體會迅速瀰漫箱子，貓會死亡。

而控制電子開關的是放射性原子，如果原子沒有衰變，那麼一切都不會發生，貓可以繼續存活；當原子發生衰變，開關就會立刻觸發，貓隨之中毒身亡。

這一連串的裝置與因果鏈出自奧地利物理學家埃爾溫・薛丁格，而這隻可憐但不平凡的貓，後世稱之為「薛丁格的貓」。

那原子到底有沒有衰變？這並非確定的事件。因為在薛丁格的設計中，原子在一個小時內的衰變機率為五〇％。所以，箱子打開前，根據量子力學：原子處於已衰變和未衰變的疊加態，因此，薛丁格的貓也處於「活貓與死貓」的疊加態。

可是，用常識來理解，怎麼可能會有「既死又活的貓」呢？該問題曾經困擾過很多人，直到美國量子物理學家休・艾弗雷特三世（Hugh Everett III）提出了「多世界詮釋」（Many Worlds Interpretation），才對這個問題提供了一個可能的解釋。

艾弗雷特三世認為，箱子打開之前，貓擁有「活著」和「死亡」兩種狀態，只是這兩種狀態存在於兩個不同的世界或宇宙中，這兩個宇宙是相互平行且獨立的。因為每個量子事件都是一個分支點，由此分裂成不同的平行宇宙。而當分裂發生時，其中一個宇宙中的人觀察到貓活下來了，而另一個宇宙中的人則觀察到貓死了。

儘管平行宇宙理論在剛提出來時並沒有在物理學界濺起多少水花，但到了一九六〇至七〇年代，卻在德州大學布萊斯・德維特（Bryce DeWitt）教授的推動下，逐漸成為物理學界熱門的話題之一。即使到了今天，仍有諸如《啟動原始碼》（*Source Code*）、《彗星來的那一夜》（*Coherence*）、《倒帶人生》（*Mr. Nobody*）等多部電影討論過平行宇宙的各種可能性。

看到這裡，你可能會認為，無論是薛丁格的貓也好，還是平行宇宙理論也好，這些都是物理學知識，和我一個普通人到底有什麼關係呢？

沒錯，這也是我接下來要重點說明的內容：個人如果能深刻理解薛丁格的貓，理解平行宇宙，理解機率與選擇的關係、運氣與選擇的關係，並合理運用一些策略，那麼就有機會做對選擇，躍遷進入一個又一個更好的平行宇宙，也能在不斷躍遷的過程中成為更佳版本的自己。

這聽起來有些匪夷所思，那麼我們不妨來看看「現在」。

你知道嗎？此時此刻，當你看到這行文字的時候，你可能會被手機推播等各類因素打擾，中斷閱讀本書，隨後就與此書無緣了；你也可能會選擇繼續閱讀，並讀完本書。

兩種不同的選擇，會讓你進入截然不同的平行宇宙，直到面臨下一次選擇時，分化會再次發生。是的，不同的選擇會導向不同的結果。你將在不斷做對選擇下，成為更佳版本的你。

你可以選擇每天閱讀一點，陸陸續續把這本書讀完，習得其中的知識，掌握成為更佳版本的自己的策略，並把它們知行合一地在生活和工作中實踐；也可以把注意力和時間浪費在只能產生短暫大腦多巴胺的娛樂活動上，像是短影片或遊戲，並樂此不疲。

沒錯，做出什麼樣的選擇是關鍵！

在過往的人生經歷中，我也曾經面臨各種選擇。比如，要不要選擇轉行，從一個深耕十多年、熟悉無比的傳統製造業，投入到喜歡但陌生的網際網路產業；又如要不要養成早起的習慣，將早上五到六點的寶貴時間投入在寫作上。

回過頭來看，我似乎都做對了選擇，有方法論的因素，也有運氣的成分。

今天，我把曾經幫助過我的這些方法論、讀過的書、走過的路總結成了這本書，希望它能幫助你釐清機率和選擇、策略和選擇以及運氣和選擇之間的關係。

本書共分為六章：

第一章，薛丁格的貓。這是我們這趟「選擇之旅」的開端，我會帶著你從「薛丁格的貓」與「平行宇宙理論」開始，逐一釐清影響我們做對選擇的三個關鍵變數。透過理解這些變數的本質，以及高手如何巧妙地運用這些變數成就事業與獲得財富，從而讓你初步瞭解我們想要成為更佳版本的自己的有效路徑是什麼。

第二章，生命疊加態。我將把三個關鍵變數代入不同的策略之中，讓你看清楚為什麼有些策略十分奏效，而你又該如何把這些奏效的策略逐步內化成為你平時的選擇之道。

第三章，人生機率論。我將不僅跟你討論不同選擇的機率，還會向你展示高手們如何將不同選擇在同一時空並行運用，發揮它們組合在一起的整體成效。

第四章，掌握底層規律。這部分是更深層次的討論，我們會由表及裡，探討「選擇背後的『為什麼』」，從底層規律裡，在你還無法立刻從選擇中獲得正回饋時，找到讓你堅持這些選擇的原動力，從而幫助你更有效地做到知行合一。

第五章，運氣的科學。我會從「科學與機率」的角度帶你重新認識運氣，不僅讓你習得獲得好運的方法，將厄運逆轉為好運，而且我還會一步一步帶你牢牢抓住「運氣的運氣」，從數學結構帶你領略藉由提升層次來改變命運（機率變大）的思路。

第六章，現實中的選擇。這一章則是將我們前面所講的內容融會貫通，逐一內化到真實世界的生活與工作的不同場景之中，幫助你不僅「有知」，而且還能「有行」，真正地透過做對選擇實現躍遷，進入更好的平行世界，有策略地成為更佳版本的自己。

事實上，本書是《熵增定律》與《熵減法則》系列圖書的「番外篇」，它是從「選擇」的層次來幫助你回顧過去、審視現在、把握未來的一本書，也是一本結合我自己的親身經歷，向你現身說法的書。

因為現在的你可能如同曾經的我，一樣普通，一樣迷茫，一樣對生活缺乏掌控。但正是在普通、迷茫、缺乏掌控的路上，可能因為一些奇遇，並且在奇遇中做對了某些選擇，而躍遷進入更佳版本的平行宇宙。

到目前為止，我在這趟平行宇宙的躍遷途中，不僅不再迷茫，而且找到了自己未來的人生方向。職場上，我逐漸從一個想升任經理卻苦求無果的普通生產工程師，逐步躍遷，成為目前某產業龍頭企業的副總經理；財務上，也已經透過選擇並學習了有效的方法論，掌握了長期年化報酬率達到一〇％左右的技術，不再為金錢焦慮，隨時擁有「想不幹什麼就不幹什麼」的把握。這些，都是十年前躍遷前的我無法相信自己可以做成的事情。

有人曾說，一個人往往會高估一年所產生的變化，而低估十年可以獲得的成就。取得這些變化與成就的第一步，正是來自「正確的選擇」。

現在，當你讀到這裡的時候，也可能是一次人生中重要的奇遇，這次奇遇意味著你也已經站在了一個全新平行宇宙的入口，是否跨入，則取決於你下一步的「選擇」。
如果你已經準備好了，那麼接下來，就讓我們開始這次關於「選擇」的旅程吧。

目錄

## 第四章　找準底層規律 129

## 第六章　現實中的選擇 205

第一章

# 薛丁格的貓

# 第一節　薛丁格的貓

## 平行宇宙中的我們

讓我們來想像一個場景。你坐在一張桌子前，桌子上的硬幣飛速旋轉。突然，一隻手啪的一聲拍在硬幣上，蓋住了這枚硬幣，然後這隻手的主人跟你說：「來，請猜一下硬幣的正反面。」如果猜對，你可以獲得一百萬元；猜錯，你則一無所獲。

我們假設你非常需要這筆錢，比如它可能是用來治病救命的錢，猜對或猜錯都將對你接下來的人生產生巨大影響。是的，就在硬幣上的手即將離開桌面但還沒離開的這一瞬間，你的人生將發生分岔，裂變成兩個不同的方向。

### 從「薛丁格的貓」到「平行宇宙學說」

早在一九三五年，奧地利物理學家薛丁格就提出過關於一隻貓生死疊加態的著名思想實驗。

就像我們在前言提到的，這隻貓和一瓶毒藥共同放置在一個密閉的箱子裡。毒藥瓶上方有一把錘子，錘子則由電子裝置控制，電子裝置的開關取決於一個放射性原子是否發生衰變。若衰變發生了，電子裝置被觸發，錘子落下砸中毒藥瓶，釋放出劇毒的氰化物，貓將被毒殺；若衰變未發生，密閉箱子中的毒藥瓶則安然無恙，貓也將繼續存活。但放射性原子的衰變是隨機的，也就是說，如果我們不打開這個密閉的箱子，就無從知曉貓的生死。

根據傳統量子力學理論，由於放射性原子處於衰變或未衰變這兩種狀態的疊加，因此，如果沒有打開密閉的箱子觀察實驗中的貓，我們永遠無法知悉其生死，牠也同樣處於死亡與存活的疊加態。所以，所謂薛丁格的貓，描述的正是這隻貓既死又活的狀態。只有打開箱子的瞬間，疊加態才會突然結束，生與死才會坍縮成其中一種。

看到這裡，你可能會覺得一頭霧水。什麼是疊加態？什麼是坍縮？一隻貓要麼存活，要麼死亡，怎麼可能既死又生呢？

這其實和我們學過的電子雙縫實驗有關。該實驗進行時，電子通過狹縫時會在螢幕上形成明暗相間的干涉條紋，因為電子具有波動性，所以就像水波一樣，電子與電子之間會互相干涉。不過，一旦我們設法觀察單個電子實際上是通過哪條狹縫，干涉條紋就會消失，電子從原本的兩條狹縫變成只走其中一條狹縫，就無法發生干涉了。

所以，在沒有觀察的情況下，電子沒有確定的位置，電子便處於各種位置的疊加態。而當觀察發生時，疊加態就會發生坍縮，即看到的就是多種可能性中唯一的結果。

以上內容屬於傳統量子力學中的哥本哈根學派的觀點，但薛丁格認為這種理論是不完備的，因此提出「薛丁格的貓」思想實驗來反駁這種觀點。因為「既死又活的貓」在宏觀世界中是難以理解的。一九五七年，美國普林斯頓大學物理學者休．艾弗雷特三世提出了多世界詮釋，這種理論的優點是不必考慮波函數的坍縮，因而為「薛丁格的貓」中的悖論提供了一種可能的解釋。

艾弗雷特三世認為，在「薛丁格的貓」思想實驗中的箱子被打開前，一生一死兩隻貓都是存在的，只不過牠們處於不同的兩個宇宙。其中一個宇宙是「原子衰變了，貓死了」，另一個宇宙是「原子未衰變，貓也沒有死」。這兩個宇宙平行存在，會完全互相獨立地演變下去。

如果你第一次聽到這種說法，會覺得有些匪夷所思。但艾弗雷特三世的一個提醒可說是一針見血，他說：「你能感覺到自己以每秒三十公里的速度繞著太陽旋轉嗎？顯然，我們不能。」

有意思的是，艾弗雷特三世的平行宇宙學說並非首創，早在西元前五世紀，古希臘哲學家德謨克利特（Democritus）就提出過「無數世界」的概念；西元前四世紀古希臘哲學家伊比鳩魯（Epicurus）也認為存在「無限多個世界」；微積分的發明者之一，十七世紀德國數學家萊布尼茲（Gottfried Leibniz）同樣提出過「可能世界」的概念，他設想，在我們這個可以被觀測的宇宙範圍之外，存在著無窮多個世界。

## 三層平行宇宙

平行宇宙學說自提出到發展至今天，已經有了一定的理論體系。根據麻省理工學院物理系終身教授，被譽為「最接近理查·費曼的科學家」麥克斯·泰格馬克（Max Tegmark）教授的研究表明，除了最尖端的「數學宇宙假說」，傳統上廣為流傳的主要有三層平行宇宙。

第一層平行宇宙跟我們目前所處的宇宙極其類似。在所有第一層平行宇宙中的居民眼中，蘋果從樹上掉下來會砸到地板，山川河流符合一般自然規律，我們共享相同的萬有引力、能量守恆等物理定律。但不同平行宇宙中的歷史可能不一樣，在其他多個平行宇宙中，三國可能沒有鼎立過，岳飛可能沒有被金牌召回，雍正可能也沒當上皇帝等等。

你可能會很好奇，如果以上這些都不存在，那是否會有你這個人呢？根據泰格馬克的理論，你必定是存在的，因為平行宇宙的個數為無窮大，所以在那麼多的第一層平行宇宙中，必然會有無數個你，也總有一個跟你一模一樣的人，和你的人生經歷完全相同，現在也正在打開這本書，和你閱讀著一模一樣的內容。

第二層平行宇宙則與我們的宇宙極為不同。最大的不同是，我們習以為常的物理定律發生了變化。要怎麼理解這件事呢？想像我們人類是位於大海深處一輩子都沒有躍出過水面的魚，我們在水中受到的浮力，游泳時遇到的海水摩擦力，這些都是我們認知中的「物理定律」。由於常年生活在液態海水之中，我們從未見過海水的氣態和固態，不知道天空中還有一種叫作鳥類的動物可以自由地翱翔、捕食，更不可能知曉還有一種叫作人類的物種發明了各種裝置上天入地。

同樣的，我們人類由於身處第一層平行宇宙，也無法理解第二層平行宇宙中物理定律變化後會是如何，因為如同深水魚類未曾見識過這一切，人類的侷限性限制了我們的想像力。

第三層平行宇宙被稱為「量子平行宇宙」，存在於一個叫作「希爾伯特」的抽象空間中。簡單的解釋就是，希爾伯特空間擁有無限個空間，其中既包括薛丁格的貓被毒死的空間，也包括牠還活著的空間，這些不同平行宇宙的形成皆是由於每個量子事件都是一個分支點，由此分裂出不同的平行宇宙。在泰格馬克看來，這種分裂從宇宙大爆炸時就已開始了。隨著無數個變數分裂成無窮多個不同的量子平行宇宙，我們作為個人，人生的所有可能性也都在量子平行宇宙中變成了不同版本的現實。所以，第三層平行宇宙，也是我們本書重點探討的內容。

## 現在的你，來自過去的選擇

現在，我們先假設量子平行宇宙的學說成立，那麼現在的你，必然也是無數量子平行宇宙中的某一個版本。而這個平行時空的你之所以是現在的模樣，主要歸因於過去無數個選擇（變數）

的疊加。

在你的人生中，有重大選擇的時刻嗎？比如你考高中大學填寫志願的時候，又或者畢業後投履歷去公司面試的時候，甚至是選擇另一半的時候，這些重大的選擇都會將你導入不同的平行宇宙之中，讓你產生不同的人生分支。一言以蔽之：現在的你，是你過去所有選擇的總和。

當然，影響你人生的不僅僅是這些關鍵時間點的大事，很可能還有那些並不起眼的小事。

我清楚記得，學生時代，初中畢業那個暑假，我跟家人去廬山遊玩，我們快要抵達山頂時，懸崖處的美景吸引了我的注意。那時，我的腦海裡突然冒出一個瘋狂的念頭——另闢蹊徑，不走尋常路，爬到這處險地去拍張照。

決定之後，我立刻開始行動。我模仿攀岩運動員，往懸崖處攀爬。可是，沒爬幾下，我的右腿突然抽筋，身體不由自主地往下滑。幾秒鐘後，我整個人滑進一條小溪之中，而半公尺外的懸崖正是這條小溪的盡頭。少年的我故作鎮定，不過右腿的肌肉卻很誠實，不聽使喚地發起抖來。被家人營救上來後，那天晚上，我才感到一陣害怕。現在回憶起來，幸好運氣好，這個平行宇宙中的我存活了下來，在這裡為你寫這本書。而另一個平行宇宙中的我，可能已經跌入懸崖，成了當年次日的一條「風景區墜崖身亡」新聞中的遇難者。

旅行中的這個小插曲對我的性格產生很大的影響，從此以後，我從一個魯莽行事的小伙子變成了一個異常謹慎的人，每次做決定時都會考慮風險與收益。比如，去懸崖邊拍一張美景照顯然就是件「收益有限，風險無限」的事。

你看，現在的我，來自我過去的經歷選擇；而現在的你，也來自你的過往經歷選擇。那麼未來的你呢？是的，未來的你，來自當下的選擇，平行世界無時無刻不因選擇而分裂。過去的經歷選擇已成定局，無法改變，但在未來，你是否想成為更佳版本的你呢？是的，關鍵依舊在選擇。

那實際上要怎麼選呢？關鍵在於三個重要的變數，即勝率、賠率和下注比例。

## 第二節 勝率

### 高手的人生算法

第一個變數是勝率。什麼是勝率？它是指獲勝的機率。用公式來表達：勝率＝成功次數÷（成功次數＋失敗次數）。

比如，一場比賽共分為五局，你贏了其中四局，你的勝率為四除以五，等於八〇％。同樣的道理，有個職位共有一千名應徵者，但真正能被錄取的只有十人，那麼在假設應徵者水準差不多的情況下，你的勝率就只有一％。

在薛丁格的貓的實驗中，貓有一半的機率活下來，一半的機率會被毒死，所以貓活下來的勝率就是五〇％。而如果現在有三個一模一樣的箱子讓貓選擇，這三個箱子的內部勝率分別是一〇％、五〇％、九〇％，你猜貓會怎麼選？

沒錯，牠會隨機挑選，因為牠從未開啟理性靈智。

## 識別選項勝率

你心裡可能會想：我又不是貓，而是人類這種高級動物，且人類早已開啟靈智。如果讓我來選，當然會選擇勝率最高的那個箱子。可是，在真實世界中，事實真的是這樣嗎？

很遺憾，不一定會。因為人類的進化歷史早已在我們的大腦中植入了**快思考**與**慢思考**兩種思維模式。其中快思考模式決定了我們在心理層面會存在各式各樣的認知偏差，這就導致多數人在未經訓練之前，很容易被這些認知偏差擺布，最終進入勝率更低的平行宇宙之中。其中對我們影響最大的，主要有三種心理偏差。

第一種，**可得性偏差**，它是指人們往往會根據「是否容易獲得」來決定自己的選擇。比如，不少家中有一定社會關係的人，剛從學校畢業時，會有親人幫忙介紹工作。這些職位大多相對穩定，符合上一輩人的認知標準。

一開始，這位社會新人可能還會自己上網投履歷，做些最後的掙扎。但在大多數情況下，履歷如同石沉大海，面試屢屢失敗。這讓他產生了自我懷疑，繼而「束手就擒」，選擇服從來自父輩的安排。

但來自父輩的安排的勝率可能會偏低，這是因為父輩通常更偏向求安穩。而且，這類企業往往已經過了成長期，進入成熟期，甚至可能已經一隻腳踏入了衰退期。而成熟期後的企業不僅內部權力階級相對僵固，年輕人的升遷管道也更狹窄，而且整個產業的競爭程度更高，供需的天平也處於供給大於需求的狀態。

第二種，**沉沒成本**。是指發生在過往，但不能以現在或將來的任何決策改變的成本。

商業歷史中關於沉沒成本有個著名案例發生在英特爾。一九八〇年代，英特爾的主要業務不是現在的微處理器，而是記憶體。當時，由於日本廠商採取低價策略，導致英特爾連續六季出現虧損。

在此困局中，英特爾高層面臨著兩難。某日，總經理安迪．葛洛夫在與董事長摩爾的談話中問出了一句流傳後世的經典言論：「如果我們都被趕下台了，新上任的繼承者會怎麼做呢？」摩爾思考了一會，回答：「他應該會放棄記憶體業務。」葛洛夫說：「那我們為什麼不假裝被趕出公司，再重新上任呢？」

就這樣，安迪．葛洛夫跟摩爾擦掉了一個低勝率選項，並在一個高勝率選項上打了勾。從此開啟了一個全新的平行宇宙，英特爾也在後續的幾十年高速成長，一舉成為微處理器產業的龍頭，並以「Intel inside」（內含英特爾）的口號，將品牌深植於全球商務人士的心智之中。

然而，能夠成為英特爾的企業屈指可數，能夠果斷放棄沉沒成本的個人更是鳳毛麟角。不少企業如柯達、諾基亞都因為捨不得沉沒成本，不斷失去市場競爭力；很多難以割捨沉沒成本的個人，也在一次次失去開啟全新平行宇宙的機會後扼腕嘆息。

第三種，**處置效應**。處置效應往往發生在投資的決策之中，它是指人們在處置投資項目時，更傾向於賣出已賺錢的標的，而繼續留下虧損的標的。

比如你有兩萬元可供投資，都以十元的價格分別買入A、B兩支股票，其中一支跌到九元，另一隻漲到十一元。此時，如果急需用錢，大多數人會選擇拋售漲到十一元的股票B，而保留跌到九元的股票A。而事實上，跌到九元的股票勝率更低，很可能會繼續跌；而漲到十一元的股票則擁有更高的勝率，更可能持續上漲。這是因為在一段時間內，趨勢並不會馬上發生顯著改變。

由此可見，無論是可得性偏差、沉沒成本，還是處置效應，都會讓我們變得不理性，看不清楚狀況甚至直接忽略了選項的勝率，繼而做出錯誤的選擇。

## 影響勝率的三種「差」

為了顯著提高勝率，開啟更好的平行宇宙，成為更佳版本的自己，我們需要瞭解影響勝率的三種「差」。

第一種「差」是**命運差**。比如，你成長在什麼城市、什麼家庭，由此產生的差異可歸於命運差。

比如，出生在北京、上海、廣州或深圳的年輕人天生就比從其他地方過來發展的人，在存錢方面有更高的基礎勝率。因為他們大多不需要花費額外的金錢租房子，多出來的資金能讓他們有更多其他選擇。但這些都是先天賦予我們每個個體的人生開局，只能接受，無法改變，更無法複製。

第二種「差」是**資訊差**。這指的是別人知道，但你不知道的資訊。這些資訊相當關鍵，它們能輔助你在選擇入局前先識局，釐清勝率之後再做出選擇。

比如，我們都知道主管是我們在職場上很重要的「貴人」，所以跟對主管十分關鍵。但一個主管是否值得追隨，這些都是很難透過外部視角的簡單觀察來判斷的。因此，當某位主管釋出善意時，考察對方，及時補齊資訊差，就是在為我們之後職業生涯的發展勝率和職業體驗負責。

當然，道理容易理解，但實際上要怎麼落實到行動才能補齊更多資訊差呢？

一種辦法是多跟他人交流。自己知道的資訊畢竟有限，透過跟他人交流，能夠獲取更多、更全面的資訊。雖然得來的消息並不一定可靠，但從側面瞭解一些內幕，多做一些預備方案，總不會有壞處。

另一種辦法是多讀歷史。因為陽光下沒有什麼新鮮事，表面上的模式與方法總會有驚人的相似之處，背後的本質也大多是一致的；歷史雖然不會簡單地重複，但總是押著相同的韻腳。熟讀歷史的人就像考前寫過很多考古題的學霸，瞄一眼題目，就能立刻洞察出題者的意圖。

第三種「差」是**認知差**。指的是我們雖然知道同樣的資訊，但由於認知的高低差異，會做出截然不同的選擇。

假設你大學讀的是工程管理，目前你在一家傳統製造業擔任生產經理，管理著一個三十人左右的團隊。有一天，一個機會出現了，擺在你眼前的選擇有兩個：第一，繼續留在老地方，以你十多年的生產線經驗，這可謂游刃有餘，儘管升遷管道相對比較狹窄；第二，放棄管理職，隻身前往網際網路公司，從最基礎的基層營運人員做起，這雖然有風險，但是未來充滿無限可能。

很多人，尤其是三十五歲以上的職場人士幾乎不會考慮選項二，因為放棄過往的累積對他們來說，代價過於巨大。換作是你，你會怎麼選？

具備一定認知格局的人可能會從「點線面體」的模型來看待這件事情。點，是個人；線，為部門；面，即公司；體，代表行業。許多個「點」組成一條「線」；許多條「線」交織成一個「面」；無數個「面」構建出「體」。因此，當個人在面對轉行的方向選擇又很難做出判斷時，不妨問問自己以下幾個問題：

第一，這個行業（體）是否仍舊是朝陽行業，年增率有沒有減緩？

第二，這個公司（面）處於初創期、成長期、成熟期，還是衰退期？

第三，這個部門（線）是核心部門還是邊緣部門？

第四，這位主管（點）是德才兼備、值得尊敬，還是德不配位、冷漠無情？

當一個人透過熟練使用認知模型解析類似問題時，哪條路的勝率更高自然清晰明瞭。

## 局部勝率

除了透過填補資訊差和認知差，設法全面分析勝率，高手還會透過開闢新戰場讓自己獲得局部戰場的勝率優勢。

中國線上英語教學網站友鄰優課創始人夏鵬老師曾經分享這樣一段故事：

夏老師在學生時代剛考入南京大學時，發現班上同學數學成績一個比一個厲害。於是，他打定主意走差異化路線，開闢新戰場。他每天在寢室裡看英語演講影片，刻苦練習英語演講技巧。結果大二上學期，他拿下「外研社杯」全國英語演講比賽第三；下學期獲得「21世紀杯」全國第一；接著代表中國，在國際英語演講比賽中獲得第一。

二〇〇七年，大學畢業後，當同班同學有的保送研究所，有的考進康乃爾大學等世界名校時，夏老師再次不走尋常路，他用自己在英語方面的優勢，選擇成為新東方教育集團的講師。

再到後來，夏老師選擇成為一名創業者，並在知名短影音平台累積了兩百多萬粉絲。

所以，當一個高手發現一個地方競爭激烈、壓力很大時，他會選擇不用普世的標準和身邊人陷入競爭狀態，而是建立自己的標準壓過別人，利用局部優勢獲得高勝率。而這，正是高手們尋找並成為更佳版本的自己的智慧。

## 第三節　賠率
### 找到壓倒一切的結局

第二個變數是賠率。什麼是賠率？它指的是收賠指數。同樣用公式來表達：賠率＝獲勝盈利數÷失敗虧損數。

比如，你和別人打賭，賭注是十元。打賭的內容是：你們共同的同學甲，如果這次全班考試進入前十名，對方就要支付你二十元。此時，你在這場打賭中，關於甲獲勝的賠率就是二十元÷十元＝兩倍。

可是，為什麼別人願意和你打賭呢？別人不會覺得吃虧嗎？當然不會，因為甲平時成績不怎麼樣，他能考進全班前十名這個事件實現的機率很小。

事實上，真正可能吃虧的人是你，因為賠率只有兩倍，但甲在短期內考進前十名的機率也可能只有一〇％。

關鍵問題來了，如果勝率很低，有沒有什麼方法可以設法找到壓倒一切的結局呢？沒錯，這就是接下來我要和你分享的秘籍。

## 風險投資的秘籍

騰訊前副總裁吳軍老師曾在《資訊論》中講過一個關於霍夫曼編碼理論（Huffman coding）在風險投資中的運用方法。所謂霍夫曼編碼理論，其實是一種電腦演算法，該算演算法透過用較短的短字元代替出現頻率較高的長字元，達成壓縮文件的大小。

比如，我們假設在一個文件中，「ABCDXYZ有限公司」這串長字元為高頻率字元，演算法就能用某個字母加數字來代替，比如「Ａ１」，由於長字元為十五字節，而代替的短字元「Ａ１」僅有兩字節，如此一來，就能達成七．五倍的壓縮倍率，從而有效利用有限資源。

所以，霍夫曼編碼理論的本質其實是將稀缺資源，即案例中的Ａ１，給了出現頻率較高的內容，來達成提升效率的結果。借鑑該演算法，霍夫曼編碼理論中「將資源分配給高頻率」的方法，也就演變為風險投資業的一門秘籍。

要怎麼理解這種秘籍呢？我們假設一家創投公司計劃將一億美元的資金投給市場上具備高成長潛力的新創公司，從而獲得高額回報。倘若現在共有一百家公司等待籌措資金，創投公司會把這一億美元平均分配給這一百家公司，即每家一百萬美元嗎？

顯然不會。但創投公司會根據霍夫曼編碼理論將一億美元分為五份，每份兩千萬美元。

在天使輪，即第一輪，給這一百家公司每家二十萬美元。一段時間後，在「二八定律」的作用下，八十家公司關門倒閉，但依舊有二十家存活了下來。

接著進入A輪，即第二輪，總金額仍舊為兩千萬美元，平均分配給存活下來的二十家，每家能分配到一百萬美元。一段時間後，大多數公司又倒閉了，可能只有四到五家存活。

然後進入B輪，即第三輪，兩千萬美元再讓剩下的四到五家公司去分，每家可獲得四百萬美元或更多。

最後，當這四百萬美元花得差不多時，真正能存活下來，找到獲利模式且依舊能持續高速增長的只有一到兩家企業，而這一到兩家再來瓜分最後的四千萬美元時，他們就可能將該筆資金的使用效率提升到最高，而創投的巨額投資也會成為這一到兩家公司之後高速成長、發展的寶貴燃料。

這整個過程，創投公司從開始到最後，在這剩下的企業中所佔據的股份，最終就能為自己帶來幾倍、幾十倍甚至上百倍的投資回報。

是的，這就是風險投資家的秘籍。勝率雖低，但依靠高賠率，依然找到了壓倒一切的結局。

讀到這裡，你可能會一邊感嘆，一邊疑惑，方法雖精妙，但這和我個人有什麼關係呢？

## 個人獲得高賠率的方法

個人不同於創投公司，普通人很難拿出大筆資金去找專案，更不可能將有限的資金分成若干份，成為投資人。但個人最大的優勢是，可以充分利用自己在某件事情上的「重複次數」，實現類似的效果。

在講述實際狀況究竟為何之前，讓我們先就數學的角度來探討。

假設一件事情的勝率很低，只有一〇%，但賠率極高，能達到成千上萬倍。我們要重複進行多少次，才能把整體勝率提高到九五%以上呢？

答案是：重複二十九次。

因為當勝率為一〇%時，意味著失敗率為九〇%，而九〇%的二十九次方約等於四．七一%，即一件失敗率為九〇%的事情重複二十九次，只有四．七一%的可能性是全都失敗。而一〇〇%－四．七一%＝九五．二九%，所以，如果一件勝率僅為一〇%的事情重複了二十九次，你就有九五．二九%的機率至少成功一次。

數學公式與概念有些抽象，讓我們來看一個鮮活的案例：某影音網站的熱門網紅（指在影音網站、論壇等地方上傳影片、錄音檔的人）——「半佛仙人」。

「半佛仙人」在他的影片中曾分享過，他從小學六年級開始就堅持寫文章、寫發文。曾經混跡過眾多網路平台，還寫過各種網路小說，但始終濺不起什麼水花。因為寫什麼都沒人看，更不用說線下各種雜誌投稿了。

很多人在嘗試了幾次、收不到什麼正回饋後，可能就會把「重複次數的計劃」擱置了，但「半佛仙人」選擇白天上班、晚上寫，有時「工作一天下來累得要死，臨睡前怎麼著也得弄個一千到兩千字，不然我不允許自己睡覺」。

「半佛仙人」說，從他小學六年級發表第一篇文章開始，直到在網路上第一篇點閱數達到十萬以上的文章，這一天，他等了近二十年。

對於「半佛仙人」的經歷我也深有體會。二〇〇八年金融危機時，只要有空我就會斷斷續續寫一點，結果花了不到一年，寫成了一本書名為《八〇後如何對抗金融危機》的書，但這本書你在市面上找不到，因為它從未問世，胎死腹中。

我也曾有過自我懷疑，認為自己可能永遠無法出版書籍，更不可能靠寫書賺錢，擁有支持我的讀者們。直到二〇一五年年末，當我重新開始動筆時，行動網路正好興起。

在此期間，我重複著把一篇篇寫成的原創文章在多個平台上發表。沒幾個月，就有一家公司的編輯在網站的私訊功能中聯繫我，問我有沒有興趣寫一本心理學相關的書。一開始，我還以為遇到了騙子，直到拿到出版合約，我才發現一個全新的平行宇宙在我眼前開啟了。

就這樣，從《博弈心理學》到《營銷心理學》，從《行為上癮》再到《熵增定律》、《了不起的自驅力》，一個以為自己永遠無法出版一本書的人，在短短幾年裡一下子出版了五本書，賺到了一些小錢，並燃起了鬥志，決定把出版五十本書作為開啟個人全新平行宇宙的大門。

「半佛仙人」說他是硬生生地跟運氣磨，是用下班後的睡前時間磨出來的。對我來說，我則是利用每天早上五點到六點的時間，寫完五百字後再去上班，用每天重複這個動作的次數，去踮著腳，去摸高，摸這件事情的整體勝率。

雖然到目前為止，從金錢的回報來看，賠率還不算太高，但那又怎樣？每個人的價值偏好不同，倘若在這個平行宇宙中，在未來的五十本書裡，哪怕只有一本能在人類歷史上留下一點點足跡，就已經超越了我對這件事情賠率的所有期待。

## 你的高賠率在哪裡

說完了「半佛仙人」，說完了我，我們再來說說你。

今天，就讓我們一起使用下面這個工具來找回我們的高賠率結局。

這個曾經幫我做出選擇、開啟一個個全新平行宇宙的思維模型叫作「甜蜜點」思維。它是指把你喜歡的、擅長的、社會需要的部分，分別找出來，再找出一個交集，該交集就是你的甜蜜點。

第一，你喜歡的。這件事情別人做起來很辛苦，但你做起來彷彿是在娛樂，在此過程中，你會感覺時間過得很快，而且你能從中獲得滿足感。

第二，你擅長的。因為這件事情會重複很多次，你已經十分熟練了，甚至已經嫻熟到信手拈來的地步。簡單的說，別人花一小時才能完成某項任務，你可能易如反掌，不到半小時就完成了。

第三，社會需求。你做的這件事情是有價值的，正因為它有價值，別人願意為此投入他的注意力和時間，有些則願意支付金錢。

當你找到屬於你的甜蜜點時，哪怕它的單次勝率微乎其微，這件事情也依舊是你最容易重複做的事情；甚至當你無法在短期內獲得外部回饋時，你在做這件事情時獲得的精神滿足感依舊能支撐你實踐「重複次數的計劃」，讓你的整體勝率越來越高，直至觸發高賠率結局，抵達你心之嚮往的地方。

# 第四節　下注比例

## 關於All in的三個啟示

第三個變數是下注比例，指的是在某場賭局中投入的資金佔總資金的比例。用公式表達：下注比例＝投入資金÷總資金。關於下注比例，你經常會聽到一個詞組：All in，即全部投入。那All in到底好不好呢？

我們先來看一個例子。

甲和乙玩扔骰子，骰子扔出六算乙贏，骰子扔出一到五都算甲贏，賠率都是兩倍。這個遊戲看起來甲似乎佔盡了便宜，勝率高達八三・三％左右；而乙則只有約一六・七％。但實際上還有另一條規則，甲每次必須All in，而乙則可以任意下注，且只有乙同意暫停遊戲，甲才能離開。如果你是甲，這個遊戲你玩不玩？

答案顯而易見，當然不參與。因為一開始甲可能會賺得盆滿缽滿，但只要骰子扔出一次六，甲就將面臨資產歸零的局面，之前贏的部分也都將灰飛煙滅。

以上遊戲模型看起來十分簡單，很容易理解，但卻能給我們三個重要啟示。

## 第一個啟示：永遠不要All in

有知有行APP創始人孟岩老師曾經分享過一個案例，他的某位朋友是國內知名網路公司的早期員工，享受著網路紅利帶來的高薪和公司配給的股票選擇權。這樣的人生本來是很不錯的，如果能透過資產配置（根據投資需求將投資資金分配在不同資產類別之間），且長期有很高的勝率，可獲得八%至一〇%的年化報酬，或許用不了多久他就能實現財富自由，過上追尋生命意義的日子了。

但正所謂「樂極生悲」，人們在順境中往往容易滋生無所不能的情緒，很容易放大對收益的期望值，而忽略風險。這位朋友認為「一〇%左右的報酬率太低了」，憑藉著對網路公司瞭解的自信，他選擇滿倉買入中概股（中國概念股，是指外國投資者對所有海外上市的中國股票的統稱，大多為網路公司）。

二〇二二年三月，這位朋友向孟岩老師求助。第一，他被裁員了；第二，由於裁員，他的選擇權只能兌現一部分，且市值已大幅縮水；第三，中概股大部分也都從最高點縮水，幅度達到三分之二左右。

原本正常的生活被現實無情地打亂了：不僅生活品質大幅下降，而且每月還面臨著償還高額房貸、車貸的壓力。

因此，永遠不要All in是一種智慧，而這種智慧包括兩方面。

第一，擁有自我複雜性。自我複雜性是心理學家林維爾（Patricia Linville）於一九八〇年代提出的觀點。它是指個體是由多個自我形成的，自我面向數量越多，自我複雜度就越高；反之，自我面向數量越少，自我複雜度就越低。自我複雜度較低的人在面對不確定性時會較為脆弱。這就好比一張桌子如果只有一條腿，就完全無法站立，如果桌腿的數量夠多，就算去掉其中一條，桌面依舊穩如磐石。

所以，在任何方面All in顯然是以放棄自我複雜性為代價，哪怕勝率再高，只要選擇All in，就會存在歸零的可能。這也是為什麼英國皇室有一條不成文規定，皇室子嗣不准搭乘同一班飛機。因為雖然飛機失事的機率極小，英國皇室依舊擔心可能開啟王位繼承權發生傾覆性事故的平行宇宙。

第二，擁有平靜的內心。人是情緒動物，大多數人面對壓力時，大腦會不受控制地分泌大量皮質醇。皮質醇是一種壓力荷爾蒙，遠古時期，當猛獸從灌木叢中向人類始祖襲來時，如果沒有皮質醇，就只能嚇得呆若木雞；透過皮質醇分泌，將肌肉釋放的氨基酸、肝臟產生的葡萄糖和來自脂肪組織的脂肪酸輸送到血液裡充當能量，身體會本能啟動戰鬥或逃跑反應，從而應對生命危機。

然而，皮質醇的分泌也會讓大腦的思考能力下降，如果在此期間採取了未經審查的行動（比如滿倉的股票狂跌時，人們更容易寢不能寐，更傾向於割肉離場），將大舉降低行動的勝率。

## 第二個啟示：職場上，永遠不選邊站

職場上選邊站就相當於把你自己某段時間的職業前景All in在某個主管身上。這樣做到底好不好？不同的人對於職場選邊站有不同的看法。比如有人會覺得「上面有人好辦事」，又或者「主管會優先把資源分配給自己人」。我們不如回到原點，從開啟不同平行宇宙的觀點出發，你會發現一個事實：一旦你選邊站，未來的選擇會變得越來越少，路也會越走越窄。這主要體現在三個方面。

第一，選邊站後，你很可能會淪落為工具人。按照清華大學寧向東老師的分法，任何組織都可以大致分為如下四個層級：領導者、權臣、骨幹和員工。領導者大多是有一定使命願景的人，但領導者需要團隊幫助他實現願景。

因此，每個組織都需要有若干副總裁輔佐領導者，而這些副總裁會分化出兩股：一股沒有自己的派系人馬，寧老師稱他們為「普通臣」；另一股有派系人馬，則稱為「權臣」。權臣為了實現自己的意志，會刻意從普通員工中找出某項能力更強的骨幹，而那些願意被招攬的骨幹就完成了選邊，成為權臣的嫡系。

但我們說了，權臣之所以要用你這位骨幹，是想貫徹他自己的意志，大多數權臣不會容許一個有思想的骨幹，僅僅希望這位骨幹好用。

骨幹如果只是機械式地執行任務，而不思索任務背後的目的，時間一長，會逐漸失去自己的思考能力，淪落為權臣僅為實現其本身目標的工具。

第二，選邊站後，你的轉換成本會變得越來越高。選邊站的確能帶來短期利益，比如年末績效，又或者升職加薪。但這些都是權臣使用你而支付的成本，這些成本來自企業，他何樂而不為？

但仔細思考，你的獲得又主要來自權臣，所以你的前途就會和權臣深深綁在一起，你想離開權臣就會變得很難，因為一旦離開，前功盡棄。此時，你就只能植根在權臣左右，而且時間越久，扎根越深。

同時，你的選擇也就越來越取決於主管的選擇，除非忍痛割捨利益，否則你沒有選擇的權利。

第三，選邊站後，一旦依靠的主管出了問題，嫡系更容易遭到清算或被邊緣化。不要以為清算只會發生在歷史劇中，儘管現代職場更文明，但失敗的派系依舊要面對敗走離場、走下舞台的結局。

如果我們認同某個主管的價值觀，選擇追隨他，這是心之嚮往，是來自你內心的選擇，這不是選邊站，是職業生涯中的跟隨與學習。在發現主管的價值觀與自己的發生衝突時，可以選擇拒絕；如果只是為了利益而選邊站，盲聽盲從，這是聰明人誤入了陷阱，是把選擇權All in在權臣身上的賭博，我建議你三思。

## 第三個啟示：投資上，永遠不加槓桿

什麼是槓桿？槓桿是把借來的錢追加在現有投資的資金上，雖然能提高效率，讓你在勝利的平行宇宙中放大收益。但正所謂盈虧同源，在失敗的平行宇宙裡，也會讓損失擴大。

加槓桿不僅相當於All in，而且還有過之而無不及。巴菲特曾經在股東大會上舉過一個例子，如果有一把左輪手槍，可以裝一千發子彈，但現在手槍裡只有一枚子彈，你只要往自己的腦袋上開上一槍，就能獲得一百萬美元，你開不開槍？

有人會說，當然開，畢竟是一百萬美元，死亡機率又不高，開了這一槍，很長一段時間都不用再為錢煩惱。巴菲特的選擇是，永遠都別這麼做。因為失敗的機率雖然低，可一旦觸動扳機，就會搭上性命，這時有再多錢又有什麼用？

你可能會覺得，巴菲特是因為已經有了那麼多錢，才會如此選擇的，那些本身沒什麼錢的人，就該搏一搏。可是，這種想法其實忽略了人性。

在真實世界中，如果人們剛開始在嘗試時就輸了，獲得了負回饋，這未必是壞事，因為他們可能就此收手。倘若他們在前幾次使用槓桿的過程中嘗到了甜頭，這些正回饋就會激勵他們的大腦，讓他們頻頻出現使用槓桿的行為。

第一次，第二次，甚至第十次使用槓桿時，獲得的都是收益。此時人類心中的貪婪魔鬼會越來越有話語權，當它在你的耳邊低語，唆使你，讓你忍不住多加一次，再加一次，再加一次……當機率的天平向另一邊傾斜時，你就會輸掉你全部的本金，甚至是身家性命。

巴菲特的摯友查理．蒙格說：「如果我知道自己將來可能死在哪裡，我將永遠不會前往。」加槓桿就是一個可能會死的選擇。

## 第五節 凱利公式

### 資源分配的最佳方法

繼續講下注比例。

現在，我們已經知道選擇All in很可能會導向更差的平行宇宙。那怎麼樣才能透過調整下注比例，從而找到更有效的資源分配方法，繼而開啟更美好的平行宇宙呢？

答案是：運用凱利公式。

凱利公式是貝爾實驗室物理學者約翰・賴瑞・凱利（John Larry Kelly, Jr.）在克勞德・夏農博士（Claude Shannon）著名的資訊理論基礎上研究出的一個機率論公式。該公式適合運用在獨立重複的賭局中，只要該賭局期望淨收益為正，凱利公式就能幫助個人實現長期成長率最大化。

凱利公式聽起來很神奇，其實一點也不複雜，甚至還有簡約之美：$f=(b\times p-q)\div b$，其中$f$為下注比例，$b$為賠率，$p$為勝率，$q$為輸率（輸率＝1－勝率）。

比如，扔硬幣遊戲的勝率和輸率都為五〇％，假設賠率是二，則下注比例$f=(2\times 0.5-0.5)\div 2=0.25$，即每次投入二五％的資源，效率可達到最大化。

## 實踐凱利公式的「賭神」

不過，在我們目前所在的平行宇宙中，凱利還沒運用自己的理論賺到錢時，就於一九六五年，四十一歲時在曼哈頓的人行道上突發性腦出血逝世。

但另一個名叫愛德華．索普（Edward Thorp）的數學家卻在學習了凱利公式後，在「二十一點」這個撲克牌遊戲中發現了足以戰勝莊家的秘密。

「二十一點」的規則非常簡單，玩家會先獲得兩張牌，接著可以選擇繼續拿牌或者不拿。其中紙牌二到九分別代表二到九點，10、J、Q、K代表十點，A代表一點或十一點。玩家手中的牌點數和越接近二十一點，他的牌就越大，可一旦超過了二十一點，則算作「爆掉」出局。比如，你摸到了A、Q這兩張牌，A就可以算作十一點，Q為十點，兩者之和即10+11=21點，相當於拿到了最大的牌。

索普透過當年算力還較弱的IBM大型電腦推演了「二十一點」遊戲中所有的可能性和機率分布，計算出玩家最高可以獲得比莊家高出五%的勝率，若在這種情況下結合凱利公式下注，就能戰勝莊家。

當時既沒有智慧手機方便記牌，也不能明目張膽地拿出小抄記錄。索普到底如何僅憑大腦，就在遊戲中快速計算出勝率呢？答案是：他發明了一種簡易算牌法，叫作「高低分法」。其中紙牌二到六算作低分牌，桌面上每出掉一張，計一分；七到九為中分牌，每出一張計〇分；10、J、Q、K、A為高分牌，每出一張計負一分。總分越大，表示之前出掉的小牌越多，剩下的牌較大，玩家的勝率也就越高。

索普不僅發明了算牌法，而且還是一個很講武德的玩家。他把這套理論透過學術論文的形式公之於眾，沒想到不僅沒有獲得讚譽，反而被評論為天真的理論家。

後來，在高勝率區間，索普按照凱利公式計算得出的下注比例下注，成了拉斯維加斯賭場的賭神。不過，最後，索普還是決定將注意力從賭場收回來，轉而投身到相對「更安全」的金融市場去。

## 凱利公式的日常運用

凱利公式適用於日常生活中的哪些情境呢？在我看來，主要有以下三種情境。

情境一：投資理財。

根據羅伯特・清崎在《富爸爸窮爸爸》這本暢銷書中的定義：當一個人的被動收入（包括投資收入）大於他的主動收入（多數時候為薪資收入）時，他就已經實現了所謂的「財務自由」。

一個已經實現財務自由的人有資格開啟無數個平行宇宙，他可以在不想幹什麼的時候就選擇不幹什麼；還能隨時隨地炒掉老闆，將原本用來工作的時間去各地旅行，或者用來追逐不同的夢想。

但在投資的路上，很多新手很容易在牛市中虧錢，成為「韭菜」，這到底是什麼道理呢？雪球APP創始人方三文曾說，大多數投資者在牛市中虧錢有兩個根本原因：

第一，進入市場的時機太晚。總是在牛市中後期看到周圍人賺錢了，才開始小額投入，獲得正回饋後會投入更多錢。

第二，可以承受波動的能力有限。當市場進入熊市後，一旦帳面出現大量虧損，就會由於承受不了帳面虧損，擔心越跌越深，選擇贖回離場。

如果用四個字來做簡單總結，就是「追漲殺跌」。

事實上，在牛市中，當一個投資新手開始關注到股市有賺錢效應時，指數已經漲不少了，這也意味著賠率 $b$ 可能已經從二到三倍下降至一到一．二倍。而且，隨著指數升高，勝率 $p$ 也會越來越低，比如從熊市的七〇到九〇%，下降至牛市的四〇至五〇%。

此時，當我們把對應的數據（假設賠率 $b=1.2$，勝率 $p=50\%$）代入凱利公式 $f=(b\times p-q)\div b$ 後，就會發現：下注比例 $f=(1.2\times 0.5-0.5)\div 1.2\approx 8.3\%$，即此時只應該保留八．三%左右的倉位進行觀察，隨時準備撤離。

反觀熊市中，股票無人問津、不溫不火。拉長時間週期到三至五年，指數上漲的勝率p高達九〇%至九五%，賠率b也能高達二到三倍。

此時（假設賠率$b=2$，勝率$p=90\%$）代入凱利公式$f=(b\times p-q)\div b$，下注比例$f=(2\times 0.9-0.1)\div 2=85\%$，即熊市中，應該持有八五%的股票倉位，從而慢慢迎來未來的上漲。

情境二：職場工作。

在工作中，需要你下注的資本不是金錢，而是你的注意力和時間，同時，產出的則是你的勞動所得，以及未來可能的升職加薪。

那麼，對於一份工作，我們應該如何來分配我們的注意力和時間資源呢？

先看勝率。在日常工作中，我們把日常事情做好的機率相對還是比較高的，比如是九五%；而我們如果工作完成得好，可能獲得一〇%左右的加薪。所以，假設工作中的勝率p為九五%，賠率b為一．一。代入凱利公式$f=(b\times p-q)\div b$，下注比例$f=(1.1\times 0.95-0.05)\div 1.1\approx 90.45\%$，即每天你應該把九〇．四五%的注意力資源用在工作上，以爭取來年的加薪。

與此同時，工作中還有一些需要創新的事情，針對這些事情，我們是否也應該投入大量精力呢？

還是先看勝率，想要推動新計畫，五〇%的成功率已經算很不錯的了，但新計畫往往能帶來巨大的收益，新計畫成功很可能就能提升職階，我們假設為三倍收益。

代入凱利公式$f=(b\times p-q)\div b$，下注比率$f=(3\times 0.5-0.5)\div 3\approx 33\%$，即每天頂多投入三分之一的精力關心新計畫就足矣。畢竟，我們身為職場專業人士，還是需要堅守自己的基本盤。正所謂守正出奇，善戰者懂得先求不敗，然後再設法謀發展。

情境三：斜槓副業。

人們之所以要有副業，是為了增加自我複雜性，在主業安穩的情況下，讓自己向外求索，獲得不一樣的可能。但副業的選擇有許多講究之處，在我看來，一個好的副業需要符合以下兩個條件。

第一，你要真正喜歡做這件事情。儘管副業不同於創業，不需要你經歷九死一生，但副業依舊有勝率不高的特點。所以，如果你不是真正喜歡，這件事情就很難堅持。

第二，這件事情需要有較高的賠率。你看，勝率已經不太高了，賠率如果還低，那這件事情就不值得去做。

比如，對我來說，寫作就是我在職場外的副業。這件事情的勝率p符合「二八法則」，即約為二〇%，賠率b可能是五至十倍。代入凱利公式$f=(b\times p-q)\div b$，下注比例$f1=(5\times 0.2-0.8)\div 5=4\%$；$f2=(10\times 0.2-0.8)\div 10=12\%$。因此，平時我會花四%的時間和精力用來寫作，而週末時間則可以達到一二%。不過，你別看每天付出的時間很少，長久堅持下去就會收穫成果。正所謂，「流水不爭先，爭的是滔滔不絕」。

針對符合上述兩點的優質副業，你可以用日拱一卒的速度持續而有序地推進。這樣做，你會一點一滴地看到自己持續前行後累積的成果，更優平行宇宙的裂隙也將會越開越大。

# 第二章
# 生命疊加態

## 第一節　波函數坍縮

### 人生中的生命疊加態

電影《阿甘正傳》（*Forrest Gump*）中有一句經典名言：「人生就像一盒巧克力，你永遠也不知道下一顆是什麼滋味。」

如果說薛丁格的貓只有生與死兩種狀態，那我們的人生就像阿甘手中的巧克力，以當下為起點，不同的選擇可能導向多個不同的方向，獲得多種全然不同的體驗。

與之相關的一個量子物理現象叫作「波函數坍縮」，它是指當我們使用物理方式測量時，微觀粒子會隨機選擇某個單一結果表現出來，即如果我們把波函數比作骰子，當波函數坍縮時，骰子就落地了，我們只能看到某一個呈現出來的結果。

波函數坍縮對於粒子來說僅僅影響其客觀狀態，但我們人生的坍縮卻能實實在在地決定我們是否開啟了一個更好或更壞的平行宇宙。而到底是更好，還是更壞？其中發揮關鍵作用的有兩個重要因素。

## 第一個因素：選擇權

如果說勝率、賠率、下注比例決定了某個選項的整體情況，那麼選擇權就是相比之下更高層次的存在了，它是一種俯視和挑選各類選項的姿態。

比如部門裁員，員工們惶惶不可終日。但如果員工甲早已收到了來自多個其他部門的關注，邀約他立刻轉調，他的選擇權就比別人更多，他也更不容易因此焦慮。

可是，部門裁員意味著公司的整體經營狀況呈現惡化趨勢。今天被裁撤的是A部門，明天被裁撤的可能就是B部門。甲真的能避免被裁掉嗎？

反觀乙，他從十年前就開始小規模嘗試基金理財；七年前開始副業，經營自媒體；五年前開始接受出版社邀約創作出版作品；今年甚至已經有企業願意付費邀請他前往授課。本次大裁員，儘管乙有很大機率會被授予「畢業大禮包」（裁員補償金），但這反而成為乙踏上全新生命旅程的起點。沒錯，因為乙擁有更多的選擇權。

所以，當一個人擁有了選擇權，他就擁有面對不確定性的把握，擁有開拓新局面的勇氣。面臨平行宇宙分裂時，他不僅能沉著面對，甚至還能有所獲益。

現在，你已經理解了，當你有了選擇權，至少能不敗。但關鍵問題來了，如何才能擁有更多選擇權，進入更好的平行宇宙呢？

在我看來，你至少有三件事情可以做。

第一，學會在「因」上做功課。在關鍵時刻想要擁有選擇權，往往不在「關鍵時刻」當下，而是遠在關鍵時刻到來之前。

很多人認為「種一棵樹最好的時間是十年前，其次是現在」這句話只是雞湯文。可是，這句話恰恰說出了讓人擁有選擇權的祕密。所以，無論你計劃做什麼準備，趁早不趁晚。

第二，找到諸多變化中的不變。什麼是不變？亞馬遜網站創始人貝佐斯認為，人們對好產品的低價需求是不變的，人們對美好事物的嚮往是不變的，企業對降本增效的追求也是不變的。除此之外，這個世界還有許多「不變」，而這些「不變」就構成了你的選擇權和努力的方向。

比如你現在讀的這本書，它所滿足的需求幾乎都是人們渴望終身成長的「不變」訴求，而滿足該類需求的產品在今後很多年都可能發光發熱。因此，當你也能找到可以滿足「不變」需求的努力方向，堅持磨練自己這方面的能力，你的選擇權就會變得越來越多。

第三，懂得創造選項。如果你還沒來得及「在不變的需求上努力累積」，還有一個補救方法——創造全新選項。

希思兄弟（美國作家奇普與丹．希思）曾經在一本書裡描述過氧氣的發現者——化學家約瑟夫．普里斯特利（Joseph Priestley）的經歷，他曾在家庭財務情況非常糟糕時為自己創造了選項。

當時，普里斯特利作為牧師的年收入為一百英鎊，你可能覺得這個數字的年薪已經不少了，但普里斯特利需要養育八個孩子，他還有副業科學研究計畫要進行，所以他一直在騎驢找馬，尋找高薪機會。

當時，謝爾本伯爵剛剛喪偶，正在尋找一個既能育兒，又能與他交流知識的人選，他獲悉普里斯特利正在求職，就向他發出一份年薪兩百五十英鎊的offer（入職邀約）。

普里斯特利很滿意這份薪水，但又不想隻身前往倫敦，遠離家人；而且他還很擔心自己與伯爵之間會不會演變成主僕關係；更重要的是，如果沉溺在日常瑣碎的孩童教育工作中，是否會影響自己在科學領域開拓的進展。

如果你是普里斯特利，你會怎麼做呢？

沒錯，普里斯特利創造出了第三種選項：他與伯爵協商後簽訂了協議，年薪變成了一百五十英鎊，但即使雙方結束雇傭關係後，依然需要持續給付這筆錢。

最終，普里斯特利為伯爵服務了七年，伯爵也信守承諾，持續履約。普里斯特利這段經歷幾乎沒有影響到他的科學研究工作，他不僅創作出了自己的著作，而且還發現了「氧」。

## 第二個因素：可逆性

選擇權讓人有更大的掌控感，能讓自己有更多選擇。但假如判斷失誤，選擇了錯誤的道路，會不會從此積重難返，走進一個糟糕的平行宇宙之中呢？

所以，在平行宇宙開啟之際，如果你具備了選擇權，並且能從中選擇一個具有可逆性的選項，就有可能進入更好的平行宇宙。這正是你我可以習得的第二種智慧。

什麼是可逆性？它是指一個步驟能進入下一個步驟，並且能夠重返原點。

比如，有一段時間短影音非常受歡迎，很容易賺到錢，於是就有言論認為讀書上學不重要，拍短影片、做直播帶貨能賺更多錢。

我們先不說整個網路數百萬短影音主播真正賺到可觀收入的有多麼鳳毛麟角，對於那些大學畢業生，如果他們某段時間職場發展不順利，給自己幾個月的時間去探索全新領域是完全可逆的。如果探索沒有結果，他也有較大勝率可以選擇回到原來的企業服務，或者重新修改並投遞履歷，去另一家公司謀職。

如果在求學的年齡選擇安逸，認為讀書沒有用，同時也不去找尋和發展適合自己的職業生涯，選擇躺平。那麼哪怕一開始靠關係或者運氣進入某家企業工作或者靠拍攝短影片紅了一陣子，這樣的選擇仍然是條缺乏可逆性的路徑。

我再拿自己來舉例。

二〇〇九年，我在一家台資企業工作。當時全球剛剛經歷金融危機，公司訂單不足，領導階層決定全員降薪。在機會成本觸底時，我做出了一個讓家人震驚的決定：辭職創業，尋找人生中的另一種可能性。

當時，我發現總共存在兩個機會。第一，某電商平台起步不久，線上流量十分便宜；第二，生日禮品相關商品同質化嚴重，缺少一種能讓人眼前一亮的個性化商品。

透過摸索和測試，我發現不少平台用戶願意出資七十八到一百六十八元人民幣購買客制化生日禮品送給好友，同時，滿足該需求的產品製作成本又低於二十元。於是，一種全新的生日情境中的禮品品項——像書一樣的本子，就這樣問世了。

什麼是像書一樣的本子呢？

用戶只需要提供給我一張其朋友的照片、對方的名字、一個書名和一句話或一段金句，我就能很快透過當時還沒有多少人會使用的Photoshop軟體技術，製作出一張書封。再以收禮方的半身照為封面，以對方的名字為作者名（比如貂小蟬著），在書脊上印上書名和作者名，在書本的背面寫上金句……最終製作成一本內頁為優質空白道林紙或復古牛皮紙的書本，免運費寄給用戶的好友。

當用戶收到了朋友獲得禮物的回饋後，主動給我的小店好評，甚至有人留言：當她的朋友收到本子後，感動得都流淚了。

你可能會問，這個生意似乎還不錯，為什麼後來不做了呢？答案是，後來某網路公司發現該利基市場，利用平台優勢和模組優勢搶佔了這個原本就不大的市場。

首次創業，最終失敗。不過，這是一次躬身入局的體驗。這次創業經歷讓我意識到，創業初期必須想清楚企業的護城河是什麼，怎麼樣才能不讓競品快速搶佔市場。

不過，儘管創業失敗了，但就像我們前面說的，這件事情具備可逆性。宣告結束營運一星期後，我聯繫了原來關係不錯的老主管，又回到了原來的公司和職位。

# 第二節　對標法則

## 沒有選擇時的最佳選擇

有一則社會新聞你一定聽過。

二〇二一年，「雙減」政策（全名為：減輕義務教育階段學生作業負擔和校外培訓負擔。主要內容為要求減輕學生的作業與補習等負擔）後，前一年在胡潤品牌榜單排名第四十一名的新東方補教集團跌出排行榜；新東方的股價也從最高點一九九．七四美元跌落谷底，僅剩下八．四美元，創始人俞敏洪被人們描述為「再次走在了崩潰邊緣」。

可是，教育產業受阻，俞敏洪和新東方就真的走入了一個崩潰解體的平行宇宙了嗎？當然不，至少在我們這個平行宇宙裡並沒有。「雙減」一年後，所有的社群平台幾乎都被新東方旗下的東方甄選「雙語直播帶貨」搶佔了版面，該帳號不僅粉絲迅速突破兩千萬，連同新東方的股價也從谷底拉升，上漲三倍不止。

## 沒有選擇時的最佳選擇

回頭來看，你覺得新東方從線下教育轉型成線上直播帶貨農產品，這樣的轉型大不大？當然大，因為但凡教育產業只要有一點點生存餘地，新東方也絕不會做出這樣的選擇。正如東方甄選主播董宇輝老師曾經在直播時說過的一段話：人總喜歡做自己擅長的事，這是人類的本能，因為我們需要成就感來作為回饋與激勵。

而且，這些回饋與激勵又會反過來推動這個人或某個企業，持續去做這件自己擅長的事情。於是，這件事情對企業或個人而言會變得越來越擅長，而且會產生越來越多的回饋與激勵，形成增強迴路。一如愛吃甜食的人始終忍不住想吃甜食；教育者持續做教育，這是本能。

但當外部環境發生變化時，由於種種原因，原來擅長的事情或路徑無法再產生回饋與激勵了。此時，人們就不得不選擇改變。所以，那些能耐著性子做自己不擅長的事情，開拓新技能、新領域、新方向，並將這些新內容從〇到一做出結果的，才是真正有本事的人。

當然，「新東方又成事了」是我們看到的「果」，我們只有從中獲得啟示，找到「沒有選擇時的最佳選擇」，才能總結出可以借鑑效法的「因」。

事實上，在沒有選擇時選出勝率與賠率都很高的選擇是有跡可循的，我把它總結成以下三步。

第一，找到時代趨勢。《孫子兵法》曾經提及的五個字讓人醍醐灌頂——道、天、地、將、法。其中的「天、地、將」指的是「天時、地利、人和」，「法」則是策略，而排在最前方的「道」指的正是左右時代洪流，湧現與提供大量機會的「時代趨勢」。

比如一九九〇年代末，人們需要解決住房問題是趨勢，這就有了房地產產業的黃金二十年；二〇一〇年，網路與社群崛起，人們在行動裝置下產生的時間紅利是趨勢，這才讓網路產業的無數公司賺取了大量紅利。到了今天，中國知名短影音平台的DAU（每日活躍用戶數）達到了七億左右，而且趨勢還在上升，這意味著全中國每天有一半人會打開該APP，而且將來還可能更多。因此，找準時代趨勢，在趨勢中順勢而為，勝率自然更高。

第二，看清與自己擁有相似資源者的成事路徑。為什麼俞敏洪會挑選直播帶貨作為轉型的方向呢？這在一定程度上借鑑了曾經的新東方老師——羅永浩在直播帶貨產業中的成功經驗。

羅老師是一個模範案例，他的能力優勢是什麼？

優勢一，有趣有料。羅老師原本在新東方教書時素來就以風趣幽默著稱，很多同學都把羅老師的英語課當成相聲來聽，在寓教於樂中學習到新本領。所以，有趣有料讓羅老師及其團隊得以吸引無數注意力。

優勢二，資源整合。羅老師原本也是一位創始人，其智慧型手機品牌「錘子手機」曾經在市場上風靡一時。眾所周知，手機供應鏈的複雜程度要比單純直播帶貨複雜許多。羅老師既然可以駕馭手機供應鏈，直播帶貨的供應鏈自然也不在話下。

優勢三，承接流量。由於羅老師的有趣有料和資源整合能力出眾，短影音平台針對頂級主播通常都會給予可觀的流量。只要頂級主播的確有能力承接住流量，使流量使用效率擠進前幾名，更多的流量資源也會絡繹不絕。

縱觀羅老師的能力優勢，新東方團隊是否同樣也能迅速建構類似的團隊，使之擁有相似的資源稟賦？答案當然是肯定的。所以，與其說俞敏洪老師從〇到一探索出了一條嶄新的道路，不如說東方甄選團隊借鑑了羅老師的成功經驗，深知直播帶貨是正確的方向，只要日拱一卒，功不唐捐。

第三，結合優勢做出差異化。當然，單純的模仿只能追趕對手，永遠無法超越對手。因此，任何擁有「後發優勢」者一定要結合自己的優勢，找到差異化，從自身特色入手。很顯然，東方甄選團隊的差異化在於「雙語帶貨」，讓用戶感覺不僅是在觀看購物，也是在學習英語，而且主播淵博的知識底蘊，令人在不知不覺中增加了不少有趣的知識。

## 個人如何實踐對標法則

你可能會認為，個人跟企業不同，在面對沒有選擇的困局時往往只能走老路，很難跳出困境，沒辦法找到並進入一個更好的平行宇宙。

事實上，時代賦予我們的恩澤不僅是我們使用手機的通訊方式、獲取資訊的方式、娛樂的方式產生了重大的升級，而且個人比以往任何時代都能更快速填補資訊落差與認知落差，找到實踐對標法則的方法。同樣的，這個過程也可以分為三個步驟。

**第一步，往周圍看。**

時代趨勢我們已經相對比較清楚了，但對於個人來說，其中的關鍵在於，你必須找到若干個你非常認同的對標對象。因為這些對標對象很可能就是另一個平行宇宙中三至五年或五至十年，甚至更久以後的你。

很多時候，人總是傾向於高估自己一年能做成的事情，卻往往低估自己十年能達到的成就。這就讓我們侷限在短視的目光中，不敢去想像自己原來也可以在多年後成為某位知名人士。

我曾經跟大多數人一樣，也有類似的侷限性。直到我在一篇《劉潤對話華杉》的文章中，發現這兩位大咖都有一個類似的目標——著作等身。此時，我被觸動了，也聯想起一個自己也能「著作等身」的畫面。這就讓我有了一個異常明確的目標，並且給予我充分的動力，讓我每天早上五點醒來後，在一小時內必須寫完五百字以上才動身去上班。

而到目前為止，你正在閱讀的這本書，正是我的第八本出版物，離我「著作等身」的目標，還有四十二本。

所以，當你學會了「往周圍看」，找到了你可以對標的對象後，你也可以從「沒有選擇」或者「不知道如何選擇」的困境中覺醒，「看見」將來的某一天，你在某個平行宇宙中的樣子。

**第二步，往裡面看。**

「往裡面看」意味著你要去拆解對標對象的能力優勢。你看到的將不再是對標人物目前所獲得的成果、成就，而是他如何獲得這些成果、成就的「因」。

比如，劉潤老師的能力優勢是：「極致高效」，也就是把握每一分鐘；「思考力」，遇到問題或挑戰時，會設法找到問題的本質；「結構化表達」，把思考的結果透過有結構的語言表達出來。

又如華杉老師的心法優勢是「近悅遠來」，無論做事也好，寫文章也罷，把離自己近的人服務好了，這些被服務好的滿意用戶自然而然會形成口碑效應，對外傳播，從而吸引更多有類似需求的人來關注你，閱讀你的內容，繼而再次形成更好的口碑。

你看，當你把對標人物的優勢特點拆解出來，你就能透過自我訓練的方式，在想要玩樂時提醒自己時間可貴；在忙著下結論時，提醒自己再思考一下——是不是找到了問題背後的本質；寫文章的時候，刻意注意內容是否結構化，能不能讓讀者輕鬆釐清其中的脈絡；在我周圍，受到我影響的人跟我共事的時候我能不能讓他提升，是否能形成口碑效應，讓更多人跟我共事、跟我協作。

當你能拆解出對標人物的優勢特點並刻意訓練自己時，你也走上了一條日拱一卒、功不唐捐的道路。

**第三步，從做成一小部分開始。**

當然，目標很高遠，理想很豐滿，現實卻也的確夠骨感。而且一旦你的第一步沒有獲得良好回饋時，放棄實踐對標法則就會成為經常在腦海裡出現的選項。

因此，正所謂「流水不爭先，爭的是滔滔不絕」，與其好高鶩遠，不如聚焦眼下、聚焦本週，甚至只聚焦今天。

比如，對我來說，我不會規定自己每天必須寫出一篇三千字的文章，而是寫完五百字足矣，更早的時候甚至只寫一百字。對你來說也一樣。因為從完成一小部分開始，同樣也能形成一個最小的閉環。而每閉環一次，你就會進步一次。

正如胡適先生說的：「怕什麼真理無窮，進一寸有一寸的歡喜。」

# 第三節　三大誤區

## 阻礙你成長的三種思維

成為更佳版本的自己當然是一件愉悅的事情，但在這之前，尤其是在正準備跨出、還沒跨出最初那一小步時，會有三種來自人類底層的思維模式設法阻礙你。這些思維有些曾經在歷史上、在人類的生存與繁衍上有所貢獻，讓我們的基因流傳至今。但同樣，它們的另一面也將在現代社會成為我們躍遷進入更好的平行宇宙的阻力。下面，就讓我們一個個拆解，逐個擊潰它們。

### 誤區一：紅燈思維

什麼是紅燈思維？這是一個非常具象的思維模式。我們從小就知道「紅燈停，綠燈行」，紅燈思維在心理學中又被稱為「習慣性防衛」，它是指人們在遇到與自己不一致的觀點，或者遇見自己未曾接觸過的事物時，第一個反應是找理由反駁、拒絕它們。隨著我們的年齡漸長，紅燈思維對我們的影響會越來越大。

為什麼紅燈思維會作為一種基因的本能被保留下來呢？

請想像你是一個原始人，你和部落的夥伴們一起去野外打獵。但本次出征運氣非常不好，幾天下來，不僅一隻野獸也沒能捕獲，身上隨身攜帶的食物也早在幾天前消耗殆盡了。突然，你們在前方一處潮濕的地上發現了許多顏色非常鮮艷的蘑菇。正當一位夥伴想要去採摘食用時，你大腦中的紅燈思維起了作用，這促使你立刻大聲呵斥，阻止這位夥伴的魯莽行為。事實上，你剛才的舉動幫他撿回了一條小命……

與之相反，另一些缺乏紅燈思維的原始人，要麼在色彩斑斕的毒蘑菇下殞命，要麼在充滿新事物的拓荒中丟失了傳承基因的資格。

紅燈思維在全世界各地都十分普遍，英國作家道格拉斯．亞當斯就曾經有過十分精辟的總結：任何在他出生時就已經有的科技都屬於稀鬆平常；任何在他十五至三十五歲時誕生的科技都是將會改變世界的革命性產物；任何在他三十五歲之後誕生的科技都違反了自然規律，應該遭到天譴。小孩子的紅燈思維未必顯現，但成人，尤其是三十五歲之後的成人，更有可能具有根深蒂固的紅燈思維。

可是，近一百年來，人類社會已經進入指數級成長的高速變化期，與此同時，現代社會的容錯率也更高，人們不會因為做了創新的事，出現了問題就命喪黃泉。因此，為了更能夠適應這個世界更快的變化，更加投入供需短暫不平衡所產生的浪頭、成長、潛在機會當中，唯有率先克服「紅燈思維」，開啟「綠燈思維」，我們才能更有機會開啟一段全新且可能更美好的平行宇宙。

如果說「紅燈思維」是本能，那「綠燈思維」則是本事。它是一種謙遜接納新事物、接受新觀點，透過思考利弊獲得最大可能收益的思維模式。但關鍵的問題來了，要怎麼做才能抵制「紅燈思維」，實踐「綠燈思維」呢？

核心的破解方法有兩個。

第一，構建意識覺察。當我們接觸到一個新觀點、新事物時，我們可以刻意覺察自己在情緒上對它們的抵制。給自己十到十五秒，觀察「抵制念頭」如何升起，並等待它進入平緩狀態的過程，不急於表達否定觀點，不急於做出拒絕的動作。待拒絕情緒如潮汐般退卻後，再設法以更理性的觀點分析其中的利弊。

第二，分離「我」和「我的觀點」。我們提出一個觀點時，也同樣難以接受來自他人的否定意見。此時，很重要的一件事情是要設法分離「我」和「我的觀點」。因為「我的觀點」被他人指出漏洞不代表「我」這個人被否定。反之，他人可能更能夠在此基礎上幫助你讓「你的觀點」更加完善。所以，更好的做法不是立刻陷入「紅燈思維」的觀點之爭、立場之爭，而是搞清楚別人「否定」背後的「為什麼」。

## 誤區二：合群思維

第二種會成為阻力的思維模式是「合群思維」。合群思維是指一個人為了融入群體，選擇放棄自己本該堅持的原則。

比如，學生時代，你原本打算在宿舍讀書，但室友邀請你去聚餐吃火鍋、去網咖通宵玩遊戲。你原本想拒絕，但又禁不住周圍朋友輪番慫恿。

又如職場應酬，你本來已經準備好滴酒不沾，但同事們一個個前來敬酒，甚至主管都使眼色要你喝下這杯。於是，你只能心一橫，拿起酒杯往嘴裡一倒，從此也成為狂歡中的一員。

再拿我自己來說，二〇〇九年時，我一直想寫一本書，但周圍的人都不看好，紛紛勸我盡早打消這個念頭，甚至在某次聚會中，我還成為親友勸說的對象。類似的經驗，不知道你有沒有？

然而，合群真的那麼重要嗎？好吧，回到原始部落，的確重要。因為一個人的力量終究是有限的，很少有人能以人類的單薄肉身戰勝叢林中體型龐大的猛獸。人們依靠群體作戰，共同戰勝了大自然中的各種肉食動物，最終成為這顆藍色星球的主人。合群，是人類站在食物鏈頂端的法寶。

但在現代生活和工作環境中，這種同樣出自本能的「合群思維」在讓人獲得「安全感」的同時，也會令人喪失獨特性，失去探索未知的勇氣。因此，唯有對「合群思維」保持警惕，你我才可能在群體中保持獨立思考的能力。

為了讓自己擺脫合群思維的困擾，以下是三個我親自測試過確實有效的方法，在這裡送給你。

第一，**創造獨處的空間**。人是社會性動物，社會性動物就免不了受到從眾效應（個體在接收資訊的過程中，會不自覺地以周遭大多數人的意見為準則，並採取跟他們一致的心理與行為）的影響。因此，與其依靠意志力，不如替自己創造獨處的空間。這個獨處空間既可以是空間的概念，比如，一個人去咖啡廳閱讀；也可以是時間的概念，比如，你也可以和我一樣，早上五點起床寫作。當你有了獨處的第三空間後，就在行為設計上繞過了合群思維，保留了獨立思考與獨立行動的能力。

第二，**一旦發現自己合錯了群，想辦法退群**。如果你不愛飲酒，但是落入一個喜愛飯局、勸酒的職場環境；如果你發現自己置身於一個封閉系統，知識更新速度越來越慢。不要猶豫，早做打算，開始設法尋找你想要前往的地方。可是，你擔心失敗，怎麼辦？先檢視目前職務內容的能力架構為何。找到自我訓練的方法，每天付出努力。比如，不會拍影片，可以學；不會演講，可以練；不會後期剪輯，可以嘗試著剪。當然，你不一定非要學習短影音相關技能。掌握任何技能，只要你有熱情，願意花時間，學會的勝率都很高。學成之後，還怕沒有辦法退群嗎？

第三，**「事以密成，語以洩敗」**。如果你想做成一件事情（比如寫一本書），一定要悄悄地做，一個人都不要說。為什麼？因為在你還沒做成一件事情時就大肆宣揚，很容易收到負面回饋，比如，當別人知道我想寫一本書時，就有人告訴我：「你知道寫書有多難嗎？」你還沒開始就被潑了一盆冷水，逐漸地，你的心理能量可能就會耗竭，就會沒有動力應對困難，克服挑戰。當我二〇一七年開始寫書後，我每天清晨悄悄地進行。等到出版上市了五本書後，以前的同學、朋友、親戚才逐漸知道。此時，事情都已經做成了，周圍人除了稱讚，已經無話可說。

## 誤區三：應該思維

第三種會阻礙你的思維是「應該思維」，也就是不設法認識真實世界，反而產生讓真實世界臣服於我們頭腦中既定規則的念頭，且在事與願違時表現出焦慮、憤怒的情緒，丟失行動力。比如，在習得勝率、賠率、下注比例等認知之前，很多人認為，既然努力了，就應該有回報，卻忽略了客觀機率本身。浙江大學心理學者陳海賢老師說，「應該思維」和願望有一個最根本的區別，就是能不能容忍現實和願望的不一致。沒錯，區分願望和現實，是一個人成熟的標誌，也是走出「應該思維」的關鍵。

我們希望透過瞭解新事物、制訂並實踐學習計劃，設法開啟一段全新的職業生涯，這是願望；可是能否取得成果，取決於市場需求，取決於理想的用人單位的職務需求，這是現實。有時候願望與現實能夠連結，這叫運氣。但願望並不經常與現實形成完美連結，我們要有接受暫時沒有成事的勇氣。

與其用「應該思維」與現實較勁，不如把願望拆解成馬上可以做的事情。如果你想要拍出熱門影片，就要學習和做好選題策劃，力求內容、形式有所創新，接著檢討最終數據，然後再多做幾遍。如果你想爭取理想的工作，就要多看工作機會，認真分析職務需求，接著配合自身能力模型，然後多做客製化履歷並寄出。

正所謂：「因上努力，果上隨緣。」如果你已做到了這一點，恭喜你，你已經開始逐步擺脫「應該思維」的困擾，一個嶄新的平行宇宙即將開啟。

# 第四節 魯莽定律

## 抓住嶄新平行宇宙的契機

阿里巴巴創始人馬雲曾經說過一句話：「最糟糕的人生，就是夜裡思索千條路，一覺醒來走老路。」如果你也有這種情況，不用感覺奇怪，因為這是人類心智中阻止自己進入更好平行宇宙（有時防止自己變成更糟版本）的第四種思維——路徑依賴思維。

什麼是路徑依賴呢？它是指一旦你曾經做過某些選擇，就彷彿走上了一條不歸路，很容易受到慣性的驅動，一路走下去。比如，很多人畢業後一直在傳統產業工作，雖然他們看到了網路產業的機會，但很少會真正投入。

路徑依賴是如何影響我們的，大家可以參考我的另一本書《熵增定律》，裡面有十分詳細的拆解。本節我主要想跟你說明如何運用魯莽定律來克服路徑依賴，從而抓住嶄新平行世界的契機，讓改變發生。

## 魯莽定律

魯莽定律最初是由得到CEO脫不花提出的，脫不花認為，一個人在人生的某些時刻，會遇到一些可能成事的機會，但普通人往往在反覆推演與漫長糾結中讓機會溜走了，當機會變成他人的囊中物時，就會產生悔恨的情緒。而厲害的人，他們當時的勝率可能還不如你，但他們勝在敢想敢做。結果沒過多久，事情居然就被他們做成了。

所以，脫不花就提出了魯莽定律：做大事者不糾結，遇到機會時，採取魯莽行動的人反而更容易贏。唯有先做起來，先獲得回饋，才更可能一步步把事情做成。

在我們以往的認知中，我們被告知凡事要「三思而後行」。其實，這在傳統工業時代的確是行得通的。畢竟，無論是購買設備、工業開模，還是選址開店，前期需要投入巨大的固定成本。因此，如果行動不夠謹慎，很可能會造成大量的財力、物力、人力上的浪費。

但到了行動網路時代，小趨勢、短期紅利來得越來越快，如果動作稍微慢一些，就可能被別人捷足先登。更重要的是，你需要投入的固定成本幾乎是微乎其微。比如，以前你開一家燒烤店，前期成本可能要投入五萬到十萬元，但現在只需要幾千元保證金就可以在一些電商平台開個虛擬商店。而且，如果你是以提供內容，生產付費內容類的虛擬產品，甚至連保證金都省了。

《學會寫作》的作者粥左羅，目前已是知名網紅，他曾經也陷入路徑依賴的困局。粥左羅從二〇一五年起就一直夢想做一個由他自己說了算的社群帳號。但嘗試了兩次，失敗了兩次。時間來到二〇一八年前後，已經提出辭職的他面臨著截然不同的兩個平行宇宙的選擇。

選項A：做第三次嘗試，但很可能再次失敗。

選項B：走老路，重新選擇一家新媒體公司，賺取相對穩定的高薪。

雖然粥左羅更傾向於選擇選項A，但顯然前者的風險更高，勝率更低。他在書裡描述，那段時間他甚至經常「失眠到下半夜」。

或許是冥冥之中的安排，二〇一八年，他在社群軟體看到了脫不花關於魯莽定律的描述：「人生總有很多左右為難的事，如果你在做與不做之間糾結，那麼，不要反覆推演，立刻去做。莽撞的人反而更容易贏。因為如果不做，這件事就永遠是停在腦中的『假想』，由於沒有真實的回饋，誘惑會越來越大，最終肯定讓你後悔。而去做，就進入了一個嘗試、回饋、修正、推進的循環，最終至少有一半的機率能做成，不後悔。」

這段文字彷彿「擊中」了粥左羅的靈魂，他讀完後，感覺熱血沸騰，心裡就湧出一個字：「做！」

你可能認為，這裡面有倖存者偏差，即那些失敗的案例已經泯然眾人矣。可是，就算是再一次失敗了，又有什麼關係？而且正是因為粥左羅前兩次的失敗經歷給了他夠多回饋，讓他設法調整第三次嘗試時的策略，繼而在反復迭代中做成了他一直想要做成的事情。

類似經歷在我身上同樣發生過。

當時，我還在傳統製造業的一家工廠上班，由於負責人資與教育訓練，每隔一段時間，都會歡送一位退休同事離開公司。有很多次，我的腦海也浮現出自己哪天也會被更年輕的同事送別退休的畫面。這個場景讓我感覺格外恐懼，因為，這就是所謂「一眼能望到頭」的平行宇宙。

不得不說，恐懼有時也是一個人的動力來源。接下來幾年，我在下面四件事情上，碰巧實踐了魯莽定律，今天回過頭來看，幾乎就是最正確的選擇。

當別人還在猶豫是否要考ＭＢＡ（工商管理碩士）時，我立刻選擇「考」；

當別人還在猶豫是否開一個社群帳號寫作時，我立刻選擇「開」；

當別人還在猶豫是否接受出版社邀約寫書時，我稍作思考，選擇「寫」；

當別人還在猶豫是否放棄自己的十年製造業經驗，投身網路產業時，我立刻選擇「投」。

而且，更奇妙的事情還在後面。我之所以能順利地拿下心儀的網路企業offer，是因為有一個ＭＢＡ校友幫我提了內部推薦；而該網路企業高階管理人員之所以想要約我面試，是因為他看到我當時有兩本書「待出版」；而最終決定我是否被錄取，則是由於我在面試後立刻寫了一篇有關面試內容的社群發文，並請ＭＢＡ校友轉寄給該高層，獲得了他的認同。

但凡這幾個因素缺少一個，我可能依然被鎖死在原來的平行宇宙，繼續過著「一眼能望到頭」的日子。所以，當你面臨一個選擇時，不用猶豫，實踐魯莽定律，先「做」起來再說。

## 不斷迭代的循環：SAFFC法則

不過，魯莽定律只是一個開始，與之配套的還有第二步：不斷迭代。被迭代的是什麼？是勝率。整個過程要符合SAFFC法則。

「SAFFC」分別對應以下五個英文單字：

S，Start，開始；

A，Action，行動；

F，Forecast，預測；

F，Feedback，回饋；

C，Correct，修正。

**第一步，Start，開始**。這意味著你要立刻投身到這件事情之中。而且請注意，千萬不要等到明天再做，因為「一覺醒來走老路」是人之常情。你要在最有動力的時候開始，哪怕這個開始最終完成得很差，也比什麼都沒做要強很多。

**第二步，Action，行動**。對粥左羅來說，「行動」是立刻寫完一篇文章，並且在社群媒體上發表。對當年的我來說，「行動」是在網路上找到報考MBA的院校；是打開Word寫上哪怕五十個字；還有，在看到網路上的公開招聘資訊後，馬上在好友裡尋找誰可以幫我內部推薦。對你來說，也是一樣的，當你產生一個強烈的念頭，哪怕只是今晚開始跑步、跳繩，都可以毫不猶豫立刻行動。

**第三步，Forecast，預測**。當你完成了首次行動後，為什麼非要做一次預測呢？直接等待回饋不好嗎？不好。因為這是十分重要的行為設計。知名產品經理梁寧老師說，傷口是人類身上最敏感的地方。你的預測是首次行動的靶心，而現實的回饋則是行動產生的結果。當你的預測不準確時，靶心與結果之間形成的客觀缺口就會為你帶來一個「傷口」，而正是這類「傷口」能再次給你足夠的動機，促使你訓練自己的專業體感，繼而不斷找到勝率更高的策略。

比如，很多資深短影音創作者都有一項「超能力」，他們能一眼就知道某個短影片能否火紅。有一次，某位KOL道破了其中的玄機：她每次在看短影音時，都會用右手大拇指遮住按讚數，先判斷這則短影片到底是幾千、幾萬、幾十萬讚，還是只有幾個讚。透過這樣的訓練，她的大腦就能迅速判斷自己拍攝的某個短影音是否可以上熱搜。如果判斷不準確，就會設法修改。

**第四步，Feedback，回饋**。實踐是檢驗真理唯一的標準。行動、預測之後，來自真實世界最終的回饋才是我們唯一的準則。只有「回饋」這個準則，才能丈量出我們目前的水準究竟如何，才能促使我們讓修正和迭代變得盡善盡美。

**第五步，Correct，修正。**有了行動，有了預測，有了回饋，接下來我們就要學會根據回饋來修正。這也是讓我們的水準越來越高，高到讓我們擁有足夠的勝率設法獲得打開更好平行世界的一張門票。

當你從魯莽定律開始，在某個領域的閉環中不斷練習，終有一天，嶄新平行世界的大門將會為你打開，孜孜不倦的你，有極大的可能在某個你嚮往的領域時運亨通。

# 第五節　導航思維

## 選擇隨時可以修正

有時，我們猶豫再三，好不容易選擇了其中一個選項，但當我們進入這個平行宇宙後，發現這似乎不是自己想要的，而現實情況又是不可逆轉的，該怎麼辦？

大多數人此時都會產生悔恨的情緒：如果當時我沒有拒絕這位異性就好了，如果當時我選擇了那份工作就好了，如果……可是沒有如果。

悔恨情緒是人類的本能反應之一，因為它能在客觀上幫助我們在很多重複決策的情境中總結出許多寶貴的經驗，而這些經驗能幫助我們下次再面臨類似選擇時「吃一塹，長一智」。但悔恨情緒也會讓我們陷入情緒泥淖，而且還會影響當下的判斷，甚至讓我們頻出昏招。

## 導航思維

所以，為了不讓自己連續墜入更加糟糕的平行宇宙，越是不慎選擇了錯誤的選項，就越要設法啟動「導航思維」。

什麼是導航思維呢？你在行車的途中使用過GPS（全球定位系統）嗎？當你不小心開進一條錯誤的路，導航儀會在現有交通法規的限制下，重新幫你規劃以當下為起點的最佳路線。沒錯，遇到這種情況時，重新以當下為出發點，重新冷靜思考最佳策略的思考方式，就是導航思維。

我的一位讀者司小懿（化名）在聽說了關於「導航思維」的神奇作用後，也真正實踐了一番。當時，她所在的公司申請上市失敗，由於賬上資金剩餘不多，公司不得不開始裁員。

由於是經歷人生第一次被裁，司小懿看到人力資源部的同事給的「N+1」方案後，覺得這也算是一筆不錯的補償金，當場就簽下了她的名字。可事後，當她從其他「有經驗」的朋友那裡得知，千萬不要接受人力資源部首次的方案，並且得知有同事還透過談判獲得了「N+1.75」的方案後，司小懿覺得一陣暈眩，感到十分懊惱。但她馬上在腦中按下了「重新導航」的按鈕，開啟了導航思維。

經過一個晚上的資料收集與思考，第二天司小懿再次約了人力資源部的同事，並陳述了以下事實：

第一，她去年和今年還各有五天假期沒有使用；

第二，她在該公司服務了七年，其實對這裡很有感情；

第三，她曾經在某次高階主管會議上報告，企業創始人由於對彙報內容很滿意，還特地加了她的聯絡方式，在會後做了長達一小時的線上討論。

所以，她主張：雖然前一天已經簽訂了離職協議，從法律的角度上的確已經無法翻盤，但今天她不是來講「法」的，而是來談談「情」和「理」，她希望公司能念在自己是老員工的情分上，能給她額外「0.5」的補償。

當然，司小懿也另有準備，當天是她在公司的最後一天，她已經寫好了兩則全然不同的內容，準備離開時寄給公司創始人。一則是充滿感恩的語言；另一則則是描述上述三條事實，以及傾訴內心情感、感受的文字。實際要寄哪一則內容給創始人，司小懿用非常柔和的語氣說，這取決於人力資源部同事「最後的決定」。

事實上，司小懿已經有了初步判斷，即「0.75」的額外補償很可能是人力資源部門的談判底線，出於「多一事不如少一事」的考量。所以，哪怕前一天已經簽訂了離職協議，她依舊有一定的勝率讓人力資源部的同事選擇滿足她的訴求。果然，當天下午，在該同事請示主管後，額外「0.5」的申請批準了：同意發放。

讀者司小懿的這場「絕地反殺式」的離職談判堪稱經典，最難能可貴的是，她把她從閱讀中獲得的知識內化成了自己的本事，且真的在真實世界中運用。雖然「0.5」不算多，但幾萬元也是一筆收入。

## 啟動你的導航思維

從本質上來說，「導航思維」是一種人人都能學會的思維模式。但要開始使用它，你首先要學會放棄沉沒成本。

所謂沉沒成本，原本是經濟學的概念，是指發生在過往，但和當前決策並不相關的費用。比如，很多人都會堅持看完一部電視劇，因為之前已經投入了看完前半部劇的時間成本，覺得如果中途棄劇，就相當於浪費掉前面的時間。許多投資者，如果他們買的兩支股票一漲一跌，他們往往會傾向於賣出賺錢的股票，死守正在下跌的那支，這也是無法放棄沉沒成本、不願意承認失敗的心理在作祟。

那要怎麼樣才能放棄沉沒成本呢？華爾街的大佬們提出了一個簡單有效的辦法——鱷魚法則，就是想像有隻鱷魚咬住你的一條腿，如果你下意識地用另一條腿踢牠，鱷魚會設法把你踢牠的腿也咬住。所以，此時最佳策略就是犧牲你一開始被咬住的那條腿。

理解了如何放棄沉沒成本，接下來我們就可以透過兩種方法來啟動導航思維了。

第一種方法：自己按下導航重啟按鈕，找到更好的策略。主要分為三個步驟。

首先，你要有「導航思維」的意識。這是一種元認知，即對認知的認知。當你發現自己已經跌入某個相對糟糕的平行宇宙時，立刻提醒自己使用鱷魚法則啟動導航思維，不斷告訴自己，現在還不是懊惱的時候，而是應該再看看有沒有馬上再穿越到下一個相對更好的平行宇宙的機會。

其次，思考目標與計算最佳途徑。司小懿的目標比較清晰：為自己爭取離職協議外的「0.5」補償；途徑是列舉三項事實，讓人力資源部的同事在「給予底線內的補償」和「承受有可能被創始人質詢的風險」兩者之間選擇。

最後，接受重新導航可能會失敗的結果。就像我們之前講的那樣，任何一種策略都是存在勝率的。這就意味著，你的策略可能把事情做成了，比如，司小懿最後得到了額外的「0.5」。但也有可能遇到的人力資源部的同事比較情緒化，討厭被「威脅」，哪怕這僅僅是一個「溫柔的威脅」。

第二種方法：導入大師的導航系統。

這是一種十分有意思且有效的導航思維實行方法，適合用在怎麼想都想不明白的場景中。比如，當你在答應了某一份offer（入職邀約）之後又後悔了；或者你在執行了當前直屬上司要求你做的某件你並不認同的事情（有時可能違反公司規定）後，如果你選擇舉發他，你可能會跟他一起被辭退，或者如果你違背自己內心去做這些事，會讓你感覺良心不安。

此時，你可以設法選擇在大腦中搜索一個你十分敬仰的大師，想像他如果就是你，在面對這種艱難選擇的時候，他可能會怎麼做。

導入他人導航系統的方法相當於你借用了某位大師的價值觀（前提是你十分認同），以大師的價值判斷代入你的直覺系統，從而用最簡單但又最有效的方式，幫助你重新設置一次導航。當你用這種方法在腦海裡把目前的情況代入大師的導航系統中推演一遍後，你所獲得的答案將會讓你更篤定，你也將有更大的勝率，重新以當下為起點，成為比目前版本更好的自己。

# 第三章

# 人生機率論

# 第一節　理解人生

## 妙手、俗手和本手

一八四六年，日本棋院「四大家」的井上家掌門井上幻庵因碩（八段準名人，持白棋）與十七歲天才棋手秀策（四段，持黑棋）對弈。秀策使出獨創的得意佈局，而幻庵也毫不示弱，祭出了被稱為「大斜」的鎮山戰法。下到中後期，白棋領先，黑棋則全力維持。

觀棋者交頭接耳，自命不凡者也評頭論足、躍躍欲試，不過大多數人都認為幻庵必勝。只有一位郎中忽然說道：「未必如此，以鄙人之見，恐怕黑棋會勝。」

事後，秀策果然以兩目優勢獲勝。旁人問郎中為何如此神準，郎中說：「我雖不懂棋，但對於醫道還略知一二。剛才秀策有一子落盤，幻庵神色雖不變，但耳朵忽然泛紅，這必定是黑棋弈出妙手，改變戰局的一步。」

這一局，在弈棋史上稱為「耳赤之局」。

這一步，則被認為是貨真價實的「妙手」。

## 妙手

什麼是妙手？妙手是奇招，是神來之筆，也是扭轉乾坤、出人意料的精妙舉措。妙手，經常能幫助人們拿到美妙的結果。日常生活中，妙手通常可分為兩類，它們分別是：錦鯉的妙手和巴菲特的妙手。

第一，錦鯉的妙手。錦鯉的妙手靠的是運氣。你可能聽過一句話：靠運氣賺到的錢，會憑實力虧掉。錦鯉的妙手就符合這個標準。

由於某段時間運氣很好，錦鯉的妙手可能會在最初帶來豐厚的回報。比如，無意間在某時某刻買入某支股票，而該股票天天漲停，這讓「錦鯉」在本次行動中嘗到了甜頭，賺到了很多錢。但正所謂「命運贈送的禮物，早已在暗中標好了價格」，當「錦鯉」們沒能認識到這只是運氣使然，而是設法持續追逐更多利益時，往往會有巨大虧損。

知名理財專家洪榕老師就有一個名為「倒金字塔投資法」的模型，該模型認為：一般股民都會選擇在牛市早期用較少的一筆錢投資，而在賺到錢、嘗到甜頭後逐步加碼。當牛市即將進入尾聲時，大量股民幾乎已用盡可以動用的現金，達到滿倉狀態。整個過程彷彿是個倒立的金字塔，即股價越高就投入越多錢加碼購買。可是與此同時，越到牛市後期，市場上就越沒有多餘資金進入市場。於是，隨之而來就會有很大機率出現流動性不足，繼而促使整個市場迎來斷崖式下跌的局面。而這必將讓最初品嘗到「錦鯉的妙手」甜頭的股民帶來滅頂之災。

第二，巴菲特的妙手。巴菲特和夥伴查理．蒙格有個共識：不去追逐平庸的機會。這是什麼意思呢？美國頂尖棒球選手泰德．威廉斯有個理論，作為一名打者，他將對方投手投球的進壘點，根據空間區域分為七十七格。其中不少都是中低勝率、中低賠率的平庸機會，而只有少部分區域才是高勝率、高賠率的絕佳機會。因此，在以上認知框架下，只有當對方投手投過來的球恰好落到了絕佳區域，威廉斯才會擊球。

同樣，巴菲特和蒙格也不會頻繁交易。對於平時小幅的漲漲跌跌，兩位大師都將它們歸類為平庸的機會，只有在極端情況出現，如市場情緒抵達冰點時，巴菲特才會祭出「妙手」，一擊即中，進而賺取豐厚的利潤。

蒙格曾說過一句話：「得到一樣東西最好的辦法，就是讓自己配得上它。」所以，當我們祭出「妙手」時，如果能清楚認識到，它到底是錦鯉的妙手，還是巴菲特的妙手，且這份「妙手」的背後是否有某一種觀點或者評估方式背書，我們才可能真正配得上這份「妙手」。

## 俗手

妙手的另一面是俗手。它是看上去有利於己方，但從中長期來講反而更有利於對方的一步。換而言之，俗手是一步「自以為聰明」的行動。

「自以為聰明」是人們經常會犯的錯誤。你可能聽過「鄧寧．克魯格效應」（Dunning-Kruger effect）。一九九五年，麥克阿瑟．惠勒搶劫匹茲堡銀行，他不僅沒戴面具，而且走出銀行前甚至還對監視器微笑。警察迅速抓到他後，他表示非常驚訝。他不知從哪裡得知檸檬汁可當成隱形墨水使用，用它寫下的字跡只有加熱後才會顯影。所以惠勒「自以為聰明」地認為，只要在臉上塗抹檸檬汁並遠離熱源，他就是「隱形」的。

這件匪夷所思的事件引起了康乃爾大學心理學家大衛．鄧寧（David Dunning）及助手賈斯汀．克魯格（Justin Kruger）的注意。這兩位學者經過研究發現：能力越差的人往往越會高估自己的水準。同時，兩人還將人們的認知水準歸納為四個階段。

階段一，愚昧之巔。很多「自以為聰明」的人都處於該階段。這是一個「不知道自己不知道」的階段，因此往往會出「俗手」而不自知，甚至有時還自以為十分高明。比如，當團隊空降了一位主管時，職場上會有少數資深員工有意無意地給這位主管一個「下馬威」。這種賣弄「小聰明」的舉動，表面上讓同事覺得自己似乎很威風，但從長期來看，往往容易形成「雙輸」或是

「別人贏自己輸」的局面。

階段二，絕望之谷。之所以「絕望」，是因為認知提升後，發現了自己許多不足之處，此時，絕望的情緒油然而生。不過，雖然認識到不足後，會感覺很受傷，但也恰恰因為這份「絕望」，處於「知道自己不知道」階段中的一部分人，會設法透過學習和訓練來提高自己的認知水準，從而向第三階段邁進。

階段三，開悟之坡。絕大多數人會選擇主動閱讀書籍、主動學習，他們都已經走上了開悟之坡。這是一個從「知道自己不知道」走向「知道自己知道」，蝶變進入更佳版本平行宇宙的道路。在這條坡道上走得越遠的人，獲得的知識、經驗、智慧也就越多。這些人透過瞭解他人犯過的錯誤，釐清其中的利害，悟出問題的本質，因此行事作風會更加成熟，不易做出「俗手」的行動。

階段四，平穩高原。平穩高原的典型特徵是「不知道自己知道」，因為他們已經把很多「知道」內化成了自己的「肌肉記憶」或者「下意識反應」。和階段四的人相處，他們會給你一種如沐春風的感覺。這些人不會囿於眼前的得失，因為他們已經成為真正的大師。

理解了人類認知的四個階段，有利於我們在做出某個決定、實踐某個行動的時候審視自己：目前的自己到底處於哪個階段？將要去做的某個行動會不會是一個「俗手」？如果發現自己在某類專業上「知道自己不知道」，是否要開始瘋狂惡補該領域的學識，從而有策略地成為更佳版本的自己？

## 本手

本手，在圍棋中指合乎棋禮的正規下法。其特點是走這步棋的時候，功用不明顯，但若不出這招，需要時又無法補救。換而言之，本手，是基本功。

不知道大家是否看過《賣油翁》這個故事？賣油翁將葫蘆擱在地上，將一枚銅錢輕輕地放在葫蘆口，然後用油勺舀油注入葫蘆，油從錢孔穿過，彷彿一條線般注入，而銅錢卻絲毫未沾上油。最後，賣油翁說出了千古名句：「無他，惟手熟爾。」

沒錯，賣油翁的本手是第一種本手：專業的本手。專業的本手是每個職場人的看家本領，如工程師的程式撰寫能力、醫生的診斷與治療能力、作家的寫作能力，這些都是每個行業從業人員賴以生存的專業本手。

但光有專業本手就夠了嗎？顯然不夠，因為人與人之間需要協同，才能發揮更大的效能。所以，我們還需要第二種本手：溝通的本手。

馬克思曾說，人是一切社會關係的總和。溝通的本手正是交換資訊、傳遞信任、協調社會關係，讓彼此的專業本手得以互補，繼而創造更大價值的能力。當一個人在溝通的本手上開始走向開悟之坡，他就有更大的勝率做成更多事情。

有了專業技術和溝通藝術的本手已經可以擁有不錯的人生了，但如果還想進一步發展，就需要有第三種本手——思考的本手。

思考是思維的一種探索活動。《孫子兵法．形篇》指出：「先勝而後求戰。」思考的本手就是要在做事之前先探索思維，從而在戰鬥前先滿足勝利條件的本領。在這種本領的指引下，個人或團隊才不容易繞遠路，更容易得到想要的結果。

「善弈者，通盤無妙手；善戰者，守正而出奇。」當聰明人理解了人生的妙手、俗手和本手，知曉孰輕孰重，知悉要從哪個方向下手、怎麼投入時間精力，或許也會像秀策一樣，在守住本手、避免俗手的前提下，偶爾下出妙手，留下我們自己的「耳赤之局」。

# 第二節　反脆弱

## 如何從不確定性中獲益

如果說天才棋手秀策透過「耳赤之局」的妙手在歷史的長河中留下了「名」，那麼尼可拉斯・塔雷伯（Nicholas Taleb）則透過本手與妙手的有機結合，得到了貨真價實的「利」。

塔雷伯是誰？他不僅是現象級暢銷書《黑天鵝效應》、《反脆弱》、《隨機騙局》、《不對稱陷阱》的作者，而且還在一九八七年美國股災中悄悄地大賺一筆。二〇〇七年，《黑天鵝效應》出版，塔雷伯在書中預言即將發生全球性危機，結果第二年，金融危機如期而至，塔雷伯一戰成名。

塔雷伯的理論體系中，反脆弱是普通人對抗風險，甚至在風險的不確定性中獲益的法寶。下面，就讓我們來一探究竟。

# 黑天鵝事件

要想理解反脆弱的精髓，首先要理解什麼是黑天鵝事件。「黑天鵝」一詞原指不可能存在的事物。由於早期歐洲人只見過白色的天鵝，就認為世界上所有天鵝都是白色，但等到歐洲的大航海艦隊踏上澳洲時，當地的黑色天鵝打破了人們的固有認知——原來天鵝也有黑色的。所以，「黑天鵝」從此就約定俗成變成了意指低機率事件的代名詞。

黑天鵝事件主要有三大特點。

第一，不可預測性。塔雷伯的祖父是黎巴嫩國防部部長，該職位所具備的資訊優勢理論上可以填補絕大多數的資訊落差；祖父受過高等教育，處理棘手問題的經驗絕非一般平民可比，他理應具備更高的認知水準。但在預測黎巴嫩大規模內戰這個黑天鵝事件何時會結束一事上，祖父沒有比當地的普通計程車司機準確多少。

同樣的道理，新冠疫情是二〇二〇年蔓延全球的黑天鵝事件，出現前沒有人能預測它何時會暴發，出現後也無人知曉其何時才能結束。所以，通常很難準確預測黑天鵝事件。

你可能會問，那塔雷伯是如何在二〇〇七年預測到次年會發生金融危機呢？事實上，這次預測極可能是「錦鯉的妙手」，塔雷伯知道危機會來，但他也不知道確切來臨時間，只不過塔雷伯為此做好了充分的準備，一旦黑天鵝事件爆發，他的準備工作就能讓他獲得巨大的利益。

第二，黑天鵝事件往往影響重大。一旦黑天鵝事件爆發，不僅影響局部地區，而且還會向整個地區乃至全球蔓延開來。比如，次貸危機出現在美國，但歐洲、亞洲甚至非洲都無法獨善其身。

第三，黑天鵝事件在事後具備可解釋性，人們對它的重視程度會隨之降低。什麼叫可解釋性？它是指一個黑天鵝事件在發生前、發生中和發生後的不同時期，由於人們獲得資訊量的多寡，對這件事情的看法和感覺會截然不同。事前可能覺得這件事情發生得無緣無故、不可預測，但隨著事情的發展和結束，得知的資訊越來越多，就能替這件事為何發生找出合理的解釋，重視程度也會因此降低。

## 事物的分類

理解了黑天鵝事件，我們還需要理解黑天鵝事件會如何對不同的事物產生不同的影響。在塔雷伯看來，任何事物都能被分為三類。

第一類，脆弱類。脆弱類的事物通常更適應在穩定的環境下生存，這也意味著一旦環境發生巨變，脆弱類的事物馬上就會受到巨大的影響。

比如，二〇一五年以前，很多人缺乏風險意識，喜愛透過融資撬動金融槓桿炒股票。在股市的上升期，如果加五倍槓桿，股價只要上漲五％，投資者的確可以獲得五×五％＝二五％的收益。可到了二〇一五年六月，股市大盤急轉直下。大量使用金融槓桿的投資者，比如，先前加了五倍槓桿的投資者，在股價下跌二〇％的時候，他所有的投資本金都會隨著股價大跌灰飛煙滅。

又如實體餐飲業者，就人們以往的認知，實體餐飲滿足的是人們「吃」的需求，「吃」的需求是亙古不變的，因此實體餐飲業者理論上不應該屬於脆弱類事物。可是，此前新冠疫情防控期間，由於城市居民居家隔離，實體餐飲業者如果不設法轉型發展社區團購訂餐業務，就無法維持收入。

所以，普通個人投資者透過加槓桿炒股，一般實體餐飲業者等，都屬於脆弱類事物的典型代表。

第二類，強韌類。強韌類的事物不依賴環境，無論環境如何變化，對它的影響都很小。比如銀行定期存款，你只要把錢存進銀行，只要銀行不倒閉（相對來說倒閉的機率極小），到了約定時間，銀行就會還本付息。

強韌類的事物雖然能讓你獲得更具確定性的收益，但供需平衡的客觀規律會大舉降低強韌類事物的收益。試想，如果銀行的定期存款利率高到足以讓每個打工人躺在家裡都有不錯的利息收入，從而過上衣食無憂的生活，還有多少人會繼續從事各種工作，建設國家？

第三類，反脆弱類。這是一種需要依靠足夠的認知才能發現並駕馭的事物，它在外界環境的波動中不僅不會受到傷害，反而能在波動中獲得收益。比如，網格交易（Grid Trading）與定期定額結合就屬於反脆弱類的投資工具。

只要一個國家是長期向上發展的，代表該國的整體證券市場的波動也必然會隨之向上。而在這個過程，網格交易系統賺取的是波動震盪的錢；定期定額系統賺取的則是一路下跌後再次均值回歸的錢。這兩者組合起來，只要投資時間拉得夠長，就是勝率極高、賠率也很可觀的方法。但真正理解兩者組合的人少之又少，我們將在後面的章節再做詳細的解讀。

## 三步建立反脆弱系統

既然反脆弱類事物能讓人在不確定性中獲利，那到底要怎樣才能建立反脆弱系統呢？主要分為以下三個步驟。

第一，降低你的脆弱性。

你看過電影《羅馬假期》（*Roman Holiday*）嗎？你是否曾被女主角奧黛麗．赫本（Audrey Hepburn）的絕世容顏傾倒？奧黛麗．赫本曾被譽為「誤落凡間的天使」，美國電影學會並將她評為「百年來最偉大的女演員」第三名。可是，一九九三年一月二十日，赫本卻由於結腸癌在瑞士病逝，而僅僅兩個月之前，她才在美國西奈山醫院檢查出在腹腔內擴散長達五年之久的癌細胞。大多數結腸癌患者一經發現就是中晚期，這就是脆弱性。

為了降低脆弱性，防患於未然是關鍵。比如結腸癌，好發年齡為五十歲以上，但從腸道息肉到癌病變則通常需要十年左右。因此，赫本如果能在更早之前做腸鏡檢查，就能在更早期的時候發現它，解決它。

當然，腸鏡檢查只是諸多降低脆弱性手段中的一種。唯有瞭解各類風險，減少自己暴露在致命風險中的機率，才是建立反脆弱系統的關鍵。

第二，採用槓鈴策略。

什麼是槓鈴策略？槓鈴通常兩頭是負重物，中間是輕巧的金屬槓。對個人來說，我們把槓鈴的一端比喻成極穩定，另一端比喻為極不穩定。兩頭的極穩定或極不穩定情況我們都應當充分注意，而中間平庸的情況則可以選擇性忽略。

比如，個人財務管理的資產配置就是典型的槓鈴策略，保守而精明的投資者會把大部分財產配置在收益較穩定的債券市場，將少量資產配置在高風險、高收益的股票市場中。這種方法是不是有些眼熟？沒錯，槓鈴策略正是本手與妙手的結合，與「守正出奇」的思想一脈相承。

第三，主動而理性地試錯。

主動而理性地試錯是為了增加正面黑天鵝事件發生的機率。就拿我為範例說明，大家都知道要寫出超級暢銷書是低機率事件，但一旦寫成，則可能直接使一個人實現被動收入大於主動收入的財務自由狀態。因此，我平時會將大部分的時間、精力都投入收入確定而穩定的職場工作中，這是「本手」。但每天早上五至六點這一小時，我會完全投入有可能為我帶來巨大回報的書籍撰寫上，設法讓「妙手」發生。

隨著一年一到二本書的出版，如果我並未寫出超級暢銷書，沒能賺到太多錢，那至少還有穩定的薪資收入可以維持衣食無憂。而一旦某本書幸運地獲得市場的垂青，超級暢銷，則將可能讓我獲得巨大的利益回報。

所以，當你也能依樣畫葫蘆構建出自己的反脆弱系統，成為更佳版本的自己就只是時間問題罷了。

# 第三節　無限遊戲

## 如何規避做錯事

在一個人所有可能的平行宇宙中，有一種平行宇宙是我們萬萬不想要的，那就是走投無路的平行宇宙。比如，資產歸零、親友絕交、口碑崩壞等等。

如何避免自己一不小心開啟最壞的平行宇宙，墜入走投無路的境地呢？這就需要我們從「有限遊戲」的思維中跳脫出來，理解和學會運用「無限遊戲」。

## 有限遊戲與無限遊戲

什麼是有限遊戲？什麼又是無限遊戲呢？

紐約大學教授、《有限與無限的遊戲：從遊戲與變幻透視人生》（*Finite and Infinite Games: A Vision of Life as Play and Possibility*）的作者詹姆斯．卡斯（James Carse）認為，這個世界上至少

有兩種遊戲，一種稱為「有限遊戲」，主要以贏為目的，它們有非常明確的起點與終點，有十分明確的規則和邊界。比如，下一局象棋、參與一次半程馬拉松比賽，或者一個小孩從小學入學到大學畢業，這些都可以認為是有限遊戲。

另一種則是無限遊戲。和有限遊戲有巨大的不同，無限遊戲的目的不是勝出，而是一直玩下去，它是以「延續遊戲」作為核心訴求，比如工作、婚姻愛情、終身學習等等。

當然，有限遊戲與無限遊戲的外延有時會因為動機不同而發生轉化。比如，如果你讀ＭＢＡ，不是單純為了完成一個為期兩年半的學業，而是想要讓自己的知識結構更加完善，成為更好的自己，這就是從有限遊戲轉換為無限遊戲的過程。因此，有限遊戲往往可以被視為無限遊戲的一個子集。

理解了兩者的區別，現在讓我們回到「最壞平行宇宙」的話題，為什麼運用無限遊戲的概念，有利於我們避免這種最糟糕的情況呢？

我們來假設一個情境，你可能會更容易理解。假設你是一個商業產品的負責人，該產品被寄予厚望，可能會完成今年整個公司將近五〇％的銷售額。但最近有人私底下向你回報，客服部收到用戶投訴，部分產品存在嚴重瑕疵。

此時，你面臨以下兩種選擇。

選擇一：繼續銷售，衝公司業績。這樣，團隊和你都可獲得一筆豐厚的業績抽成。與此同時，如果運氣不好，品質瑕疵會讓產品遭到較大量的投訴，甚至有可能遭到消基會調查。

選擇二：停止銷售，並將有瑕疵的產品全數回收且全額退款，產品自行檢查改善後再重新上市。如果這樣選擇，今年公司的目標很可能就無法完成了。不說豐厚的獎金將隨風而去，而且還可能造成巨大損失。但這樣做可以為企業樹立勇於承擔責任的形象，贏得商業信譽，增加消費者對產品的信賴。這對公司以及個人的長遠發展都是有利的。

在現實生活中，可能會出現類似的選擇，這並非易事，面對這種艱難時刻，很少有人能夠不糾結。如果我們學著使用「有限遊戲與無限遊戲」的視角去審視這些選擇，可能就更容易得出正確的結論。

因為在無限遊戲的框架下，人們的目標既然是「將遊戲延續下去」，就更容易獲得「無限思維」的心態。該類心態會倒逼人們去思考：我到底要怎樣做，才能讓我在十年、二十年後仍舊不會因為今天的選擇而悔恨？

## 無限遊戲心法的兩大妙處

無限遊戲心法之所以會發揮顯著作用，主要是因為以下兩個原因。

第一，它能讓你在決策時更不容易糾結。

比如，前些年中國有些地方實施房屋限購政策，有些「聰明人」開始動起歪腦筋，想到婚姻登記機構透過「假離婚」的方式鑽漏洞，設法多買一間房。有人的確可能得到了當時房價持續上漲的紅利，家庭總資產因此增加；但與此同時，也可能面臨不可預知的風險。

事實上，在類似的民事訴訟中，就曾經發生過這樣的悲劇。一開始，夫妻倆約定假離婚，並順利買到了房產。但隨後當女方提出復婚時，男方卻主張他們在法律層面早就已經結束了婚姻關係，並正在計劃與另一位女士籌備婚事。女方咽不下這口氣，就向法院提起訴訟。

是男方負心嗎？有一定的因素。但更重要的是，一旦兩人解除了婚姻契約，在心理層面就沒了出軌的包袱，復婚的機率自然也會隨之下降。

但倘若時光倒流，當妻子用無限遊戲「一直玩下去」的目的來審視假離婚的提議，結論就只有簡單的一個字：不！

第二，你能為你的行為建立一套標準。

尤其是在職場上，有的供應商為了行方便或者相關利益者企圖與你拉近關係，可能試圖用紅包、禮物的方式為你們將來的互動埋下種子。

比如，我在聯繫一位供應商時，對方用行動支付轉了一筆錢給我。我看到後立刻退還該款項，並留言說：「我可是簽過『禁止收受回扣條款』的。」

君子愛財，取之有道。我寫書賺取版權收入，我進行資產配置，平均每年獲得一〇％左右的年化報酬率，這些都是能「拍成短影音」，在大眾媒體上可以完全透明地公開，且沒有任何後顧之憂的正當財富管道。

收取任何灰色收入，短期看好像賺到了一筆收入，但這種收入「收益有限，風險無限」，是一筆很有可能讓人無法「一直把遊戲玩下去」的收入。

## 無限遊戲心法的運用場合

無限遊戲的運用場合很多，主要分為三類。

第一，關鍵習慣。

有些習慣雖然看起來不起眼，但卻是關鍵習慣。根據一項調查發現，八〇％的交通事故跟駕駛者是否有繫安全帶有關。只不過是個三秒鐘就可以完成的動作，就能大大減少交通事故的發生率。

又如一些人如果工作做不完，就熬夜完成。我不是不提倡努力，而是不提倡沒有策略的努力。在我看來，人體彷彿是一個巨大的電池，晚上是馬上就要沒電、需要睡眠充電的狀態；而早晨是人體已經充滿一〇〇%電量的狀態。

所以，與其選擇晚上熬夜工作，不如早上早點起床。因為長期熬夜會讓人更容易感到疲勞、胸悶氣短，甚至增加猝死率。

第二，個人財務管理。

隨著職場年齡增長，很多人累積了一些財富，開始著手投資理財，進行個人財務管理。但投資時，大多數人總喜歡滿倉，又或者總愛短線交易，企圖透過頻繁地低買高賣，甚至不惜提高槓桿設法抓住某次「機會」。

但理想的豐滿總是會與現實的骨感形成鮮明對比，真實的情況是，無論是滿倉待漲的心態，還是短線交易的心態，以及盲目「上槓桿」的心態，它們本質上依舊是「有限遊戲」中僅僅想要獲得眼前「贏」的心態。

當然，你可能會說，個人進行財務管理，不為贏錢，難道是為了做慈善嗎？我想說的是，個人財務管理不能只是為了贏一次，以單次財富增長為目的，而是要以「持續增長」甚至「永續增長」為北極星目標，進行長期投資管理。

這裡就牽涉到：如何做好在不同市場週期（繁榮、滯脹、蕭條、復甦）下不同的資產配置策略？如何進行年度股債再平衡？為什麼買進、賣出時不能「梭哈」（一次滿倉買入），而要循序漸進、有計劃地買進或賣出？如何構建自己的財富增長夢幻隊？這部分內容，在我出版的第六本書《熵減法則》中，安排了整整十個小節為各位讀者詳細說明，讓大家知道如何玩好「財富永續增長」這個「無限遊戲」。如果你對此感興趣，可以買來一讀。

第三，為人處世。

你一定聽過一句話：「凡事留一線，日後好相見。」

比如，從一家企業離職後，有些人會選擇跟朋友抱怨前雇主（或前主管），發洩長期以來壓抑許久的情緒；或者和前同事私下抱怨，說：「我實在看不慣公司的做法，我先撤了，你好自為之。」

這就是典型的將職場當作「有限遊戲」在玩。雖然他可能已經手握offer，或已成功入職下間公司，但誰能確保自己可以一〇〇%度過試用期呢？而且哪怕過了試用期，以後說不定還是有可能回去原公司。

因此，習慣玩「有限遊戲」的人，雖然發洩了情緒，獲得了短暫的情緒價值，但這樣的做法實際上是在斷自己的後路。而學會「無限遊戲」規則的人至少能心平氣和地暫時結束這段關係，大家好聚好散。雖然不再朝夕相處，但也可以各自安好。

# 第四節　人生機率論

## 決策的科學與藝術

你聽過著名的「三門實驗」嗎？

假設你參加一個問答節目，舞台上有三扇門，其中一扇門的背後有大獎——豪華跑車一輛，而另兩扇門的背後都只有一隻山羊，表示抽獎失敗。

你上台後，選擇了其中的一號門。你剛想推門看看有沒有中獎，主持人卻阻止你。只見他當著你和觀眾的面，輕輕地推開了二號門，而二號門的背後，緩緩走出一隻山羊，嘴裡還咀嚼著食物。

此時，主持人對你說：「你現在有一次機會，可以更改你的選擇：你可以選擇三號門，當然，你也可以選擇維持一號門。請問，你到底換還是不換呢？」

給你十秒鐘考慮。好，我假設你已經思考過了。答案是：換！當然要換！因為此時一號門的中獎機率為三分之一，而三號門的中獎機率則是三分之二。

咦？這是為什麼呢？三號門的機率不應該也是三分之一嗎？

當你選擇一號門時，一號門中獎的機率是三分之一，這很容易理解，因為這是從三扇門中選擇其中一扇。

1-1/3＝2/3。所以，剩下的二號門和三號門，加起來中獎機率就是三分之二。

好，現在主持人出來做了好人好事，他主動幫你推開二號門，裡面跑出了山羊，宣告二號門沒中。這裡，一個關鍵認知來了：原本二號門和三號門加起來的機率是三分之二，而此時，這份三分之二的機率全都「坍縮」到剩下的三號門了。

一號門的中獎機率為三分之一，而三號門的中獎機率此時則變成了三分之二。

## 「題海戰術」的失效

如果你是第一次聽說「三門實驗」，上述三號門中獎機率變成三分之二的說法你一時間一定無法接受。這很正常，因為你在閱讀本節內容之前，可能完全不熟悉這類話題。

這就好比你第一次學習駕駛汽車，也一定會手忙腳亂，不知道自己的腳該往哪裡踩，也不清楚要如何調整擋位。這裡說的其實是你在某個領域內的勝任力，勝任力決定了你成就一件事情的勝率。但勝任力並非天生，也不是光靠閱讀或聽別人講講就能習得。勝任力，需要練習。

比如，我們年少讀書時，經常會採用一種叫作「題海戰術」的手段來提升考試的勝任力，就是透過做遍各類題型的方法讓自己迅速獲得該學科的經驗，並逐步形成一看到題目就知道出題人到底想要考察什麼知識點的能力。再到後來，這門學科的勝任力就會內化成為你自己的做題本領，你在該學科上考高分的勝率就會顯著提升。

應對學科的方法雖然在一個人的學生時代有效，但一旦踏入社會，這套模式就會瞬間失效。這是因為學生時代「分數導向」的學科考題都是有限遊戲中有限範圍（教學大綱）內的考核，就算有時可能存在偏題、難題，但只要之前見過類似的題型，也能舉一反三。可一旦畢業工作，我們就從有限遊戲進入無限遊戲。在無限遊戲中，遇到的事情也更加紛繁複雜。

好了，問題來了。現在有限遊戲的「題海戰術」失效了，那麼，在無限遊戲中，我們到底要如何才能做對選擇呢？

## 決策的科學

當你在無限遊戲中遇到嶄新問題或較少遇到的問題時，首先要記住的，就是「切忌快速下結論、做決策」。

比如，二〇二二年的網際網路企業經歷了一輪裁員潮，對很多人來說，都是生平第一次遇上裁員，屬於嶄新問題。甲作為本次裁員潮的經歷者，原本是某知名網路公司的產品經理、某專案負責人。眼看甲的資歷就要滿三年了，HR卻以「迅雷不及掩耳之勢」與甲溝通「畢業大禮包」的事宜。

一開始，甲是比較謹慎的，因為他曾經在短影音平台上看到過知識部落客們傳授「畢業面談」的要點。但當HR詳細展開「禮包方案」時，甲的心就無法保持冷靜了。由於「禮包」數額豐厚，甲當下就簽名了。

本以為這是一個不錯的結局，但沒想到當天晚上下班路上，與他當年同一天入職的乙卻表示：自己今天拒絕了簽名，並主張HR以三倍薪資補償尚未使用的年假。而這項主張也僅僅只是一種策略。乙的核心目的有兩個：第一，給自己更多的時間思考，看看有沒有更好的選擇；第二，設法撐過第三年年資再簽名。因為根據相關法律規定，哪怕年資只是三年又一天，公司若是裁員，也應當支付「三．五＋一」個月，也就是四．五個月薪水的補償。

只差僅僅幾天，甲卻少獲得〇．五個月的離職補償，這對月收入超過八萬以上的產品經理來說，也是一筆不小的數字。

另外，除了擱置問題，給自己更多時間思考。科學決策的另一個關鍵是盡可能多收集與分析歷史數據。有句話叫作「歷史總是驚人相似，卻並非簡單重複」，分析歷史數據有助於獲得更好的決策。

比如，在個人財富管理的過程中，當市場很好或者很差時，總會有人跳出來說「這次不一樣」。但這次真的會不一樣嗎？市場往往認為這句話是「最昂貴的一句話」，因為聽而信之的人要麼是「高點套牢」，要麼是「錯失良機」。

## 決策的藝術

如果說依靠慢思考與歷史數據做決策是科學的，那麼依靠直覺做決策則是一種藝術。跟我們認知的「快思考」有很大的不同，依靠「直覺」做決策有其合理性。直覺，是一種沒有經過推理分析的直觀感覺。

直覺思維為什麼能帶給我們這種能力呢？《直覺幫浦和其他思考工具》（*Intuition Pumps and Other Tools for Thinking*）的作者丹尼爾・丹尼特（Daniel Dennett）認為，其中的關鍵是能否將問題簡化，同時又準確無誤地保留其中的關鍵資訊。如果能做到這一點，就能登上思考問題的快車道，從而以一種近乎藝術的方式讓決策的勝率更高。

當然，直覺思維也是有侷限的，因為一旦離開了具備豐富經驗的領域或場所，再想依靠直覺做決策，我們直覺系統的準確率就和大猩猩扔飛鏢選股票的機率沒有多少區別了。

## 第五節　見機擇時

### 尋找更合適的時機

你可能看過類似的報導。

一篇發表在《國家科學院院刊》上的論文報告，以色列班・古里安大學（Ben-Gurion University of the Negev）的謝・丹齊格研究團隊對八名以色列法官在十個月內的一千餘次假釋判決進行了跟蹤研究。

該研究發現：法官們早上剛上班時，有接近七〇%的機率會同意假釋請求，之後假釋率開始下降，直至午餐前降到谷底；餐後，假釋率再次回升到六〇%以上，直至晚餐前再次探底；晚餐後，相同的情況再次上演……

丹齊格教授團隊經過分析後提出，法官批准假釋率與法官體內的血糖值呈現正相關。

無獨有偶，美國的醫院也有一種「七月效應」，即每年七月的醫療事故致死率要比其他月份高出約一〇%。這主要歸因於七月正好是醫學系畢業生剛開始實習的時間。

以上兩個案例僅僅只是諸多類似情況的縮影，不得不說，在力所能及的情況下進行「擇時」，其重要性已經超出了我們的想像。

既然擇時如此重要，那麼我們到底該如何透過「擇時」，來提升成事的勝率呢？本節我將從職場、財富與個人成長三方面為你講解說明，分享經過驗證且行之有效的策略供你參考。

## 職場的擇時

職場是大多數人在身體黃金時期（二十五至六十歲）花費時間最久的地方，職場中的時機把握往往能讓人獲得意想不到的效果，積小勝為大勝。

第一，入職的時機。

對於應屆畢業生來說，入職宜早不宜晚。不少應屆畢業生都有想趁畢業前的空檔好好玩一玩的心態，可以理解會有這種心態。但與此同時，如果能盡早入職，哪怕一開始僅僅只是實習，也有可能讓你在今後漫長的職業生涯道路上從領先一點點到領先許多。

比如，甲入職時間為八月一日，乙入職時間為七月一日。兩個人雖然在三個月後先後轉正，但一年後公司考慮分配晉升名額時，主管們發現兩個人學歷相當、業務能力相近，但乙年資更久一點，於是，當年升職的名額自然落到了乙頭上。

這就是所謂的「早一個月，早一年」。請千萬不要小看這一個月，從更長遠的目標來看，初期微小的差異很可能會讓受益者多出整整一年的管理經驗，將來也能更早進入職場中層，經驗值提升速率更快。這樣一來，如果落後者沒有發生太多改變，兩人未來拉開差距的可能性自然也越大。

第二，談加薪的時機。

有人曾提出週三或週四下午提加薪成功率更高的說法，這雖然有一定道理，因為週一、週二忙開會，週五眼看著就要休假，注意力比較渙散，但這種方法是「術」的層面，勝率提升的機率未必很大。

《孫子兵法．勢篇》寫道：「故善戰者，求之於勢。」在自己創造的有利的形勢下談加薪，才是顯著提升加薪勝率更好的時機。

好了，關鍵問題來了，如何造勢？一個反脆弱的槓鈴策略是，先主動承擔一項新任務（先把機會弄到手），並且設法把事情做成。

為什麼要這樣做？因為當你在維持原本工作基本盤的前提下去做一項新任務，倘若新任務沒做成，至少基本盤還在，對你的影響並不大。而一旦新任務做出成績，你不僅累積了成事的經驗，而且專案本身的成功就能成為你的代表作，為你創造有利條件。

此時，哪怕你不主動談加薪，主管在有資源的時候也會優先想到你。

第三，要資源的時機。

達成職場目標需要調配相應的資源，什麼時候申請資源成功率最高呢？職場導師湯君健老師指出，要資源最重要的三個時間點分別是**目標設定時**、**指派任務時**和**檢討專案時**。

時機一：目標設定時。通常在主管心中，目標計劃定好的下一步就是調配相應資源，此時申請資源，就彷彿看一場3D電影需要在放映廳門口領一副3D眼鏡那麼自然。但如果專案進行到一半了，你再申請資源，能夠申請到資源的機率就大大降低了。

時機二：指派任務時。指派任務通常是在原計劃的基礎上增添的任務，雖說添加任務未必要添加資源，但此時設法將資源申請到手依然是合情合理的。比如，主管要你週三前做好活動籌備，那申請經費購買一批暢銷書作為獎品發放自然就說得過去。

時機三：檢討專案時。檢討代表專案進行到一個段落，通常檢討時都會提到：接下來有哪件事情是之前沒有做，但現在要開始做的？你看，要做一件全新的事情，是不是可以理解為「指派新任務」？此時提出申請資源也是很好的時機。

## 財富的擇時

在職場上好不容易累積了一些財富，要如何守住財富？如何進一步讓財富持續增值？這也是很多人關心的話題。

除了重要的資產配置外，「擇時」是一種能顯著實現財富增值的手段。這裡有兩個關於「擇時」的認知，是你在開始財富管理前的應知應會。

認知一：牛市勝率低，熊市勝率高。

看到這裡，你心裡是不是在想我說反了。當然沒說反，因為牛市時，絕大多數可投資標的價格都已經很高了，雖然短期買進可能還會進一步上漲，但此時上漲空間十分有限。而且人性的貪婪很難讓你及時止盈，獲利了結。反而牛市達到頂點後的斷崖式崩跌會觸發你的損失厭惡情緒，讓你不願離場。

更可怕的是，華爾街還有一個經典的「八〇／五〇法則」，即八〇％的股票可能會下跌五〇％，五〇％的股票可能下跌八〇％。當你辛辛苦苦從職場累積下來的血汗錢蒸發了五〇％到八〇％後，很多人都會寢食難安，唯有趕緊離開才能讓內心平靜。於是，牛市入場、熊市離場的人就成為「被割的韭菜」。

反觀熊市，市場上到處都是便宜、被低估的資產，均值回歸是整個世界的客觀規律。遵循客觀規律實踐財富擇時，勝率自然不會太低。

認知二：短期勝率低，長期勝率高。

巴菲特的老師班傑明・葛拉罕（Benjamin Graham）有一句膾炙人口的金句：「投資市場短期是投票機，長期是稱重機。」

短期的擇時意義不大。因為每天都有突發事件，突發事件會干擾投資者情緒，投資者在完全無法預測的情緒中選擇買入或者賣出往往都是無效的。任何號稱能預測當天或明天漲跌的人不是蠢，就是壞，不然就是又蠢又壞。

但長期來看，整個世界經濟是持續增長的，而且全球增長中當下增長最顯著的國家之一就是中國等亞洲國家。如果能在市場低迷的時候，選擇有節奏地慢慢買入，等三到五年後牛市來臨，賺取平均八至一〇%的年化收益並非難事。

當然，要做到「長期」對大多數人來說的確有些困難，正如巴菲特有一次和亞馬遜創始人傑夫・貝佐斯（Jeff Bezos）通話時的斷言：「大多人不願意慢慢變富。」

## 個人成長的擇時

職場與財富都是我們生命組成的一部分，個人的成長則將貫穿我們的整個生命。

在個人成長的過程中，有什麼擇時方法能給予我們指導？當然有，這個方法叫作「三七％法則」。

兩千五百年前，有三位學生問他們的老師蘇格拉底：「怎樣才能找到理想的伴侶？」蘇格拉底帶他們來到一片麥田，讓他們從中穿越，不可回頭，並在這過程中摘下他們認為最大的一束麥穗。

第一位學生很快就摘下了一束他認為最佳的選擇，但後來又發現許多束都比手上的要大，為此，他很後悔。

第二位學生吸取了教訓，前期就算看到大麥穗也忍住不摘，結果眼看麥田都要走完了，只能匆匆地取下一束稍大一些的收場。

第三位學生很聰明，他將路途一分為三，前三分之一只看不摘，悄悄記下大小滿意的到底有多大；中間三分之一，用來確認自己之前的判斷是否準確；最後三分之一，一旦遇到大小滿意的，就立刻摘下。

第三位學生的做法，就是著名的「麥穗理論」。後來《決斷的演算：預測、分析與好決定的

11堂邏輯課》（*Algorithms to Live By: The Computer Science of Human Decisions*）的作者之一布萊恩．克里斯汀（Brian Christian）指出，分成兩段即可，其中第一段為「從〇到三七％」，只用來觀察，不做選擇；第二段為「從三七％直至結束」，這段時間，一旦發現比前面更好的選擇，就果斷決策，做到「最佳停止」，即可獲得令人滿意的擇時效果。

比如，如果你的職業生涯從研究所畢業後的二十五歲開始，到六十歲退休結束，那職業生涯的三十五年中，其三七％的位置大約落在三七．九五歲。

因此，不少人之所以在成長的路上迷茫，是因為過早把某種未必適合自己的工作當作自己的終身職業；又或者一直在各類工作職位上游移不定，過了三七％的點還在觀察，始終沒有累積自己的核心能力。如此一來，三十五歲一過，自然很容易焦慮。

所以，假如你還沒有抵達三七％的時間點，請繼續遍歷與試錯，盡早發現令自己滿意的個人成長方向。如果你已經過了三七％的時間點，那麼請從今天開始好好整理自己，一旦遇到比之前更好的選擇，就果斷決策。

第四章

# 找準底層規律

# 第一節 我是誰

## 人生的底層方向

我們經常聽到一句話，叫作「過好這一天，就是過好這一生」。一天是一生的縮影，如果每一天的行動都能指向某些特定方向，為將來的某個願景積蓄力量，那麼路雖遠，行則必至；事雖難，做則必成。

這樣，問題就來了，成為更佳版本的自己，到底應該指向什麼方向呢？

### 底層的方向

你一定聽過所謂的「靈魂三問」：

你是誰？你從哪裡來？你要到哪裡去？

人們每天上班、下班、加班，賺取收入、購買消費品、玩遊戲、刷短影音……這些可能是很多人每天的日常，儘管它們可以顯示一個人現在的標籤，顯示一個人在現實中每天都做了什麼，卻無法顯示這個人未來會成為誰，它過往的痕跡是什麼，將來又要到哪裡去。

那「靈魂三問」的答案到底是什麼呢？

到目前為止，並沒有標準答案，不過我可以自己為例，做個解讀，供你參考。

我是誰？

我是一個追求「長期有結果，短期有成長」的人。長期，我希望自己能成為一個出版五十本書、幫助廣大讀者成就個人成長，同時也能著作等身的高產量作家；短期，我期待自己的每一天都不白活，每天都要獲取新知，並且留下看得見摸得到的文字紀錄。

我從哪裡來？

我出身於一個平凡的小康家庭。父親二〇〇七年罹患肝癌早逝，母親已盡一切所能培育我完成學業。我相信這是一個不算太好也不算太壞的中等水準開局。因為在我身上既沒有網路小說那種開掛金手指，也沒有底層逆襲的傳奇故事。

我要到哪裡去？

這個問題是和「我是誰」交織在一起的。我看到了未來平行世界中自己的模樣，而那個模樣將是我的終點。由於該終點的存在，在人生路途中面臨各種選擇的時候，我就會有清晰的價值判斷，從而不費吹灰之力地根據「哪條路能通往終點」做出選擇，而非根據其他因素，諸如「哪條路賺錢多」來選擇。

你看，正是因為看清楚了自己將要「成為誰」，目前已經走完了哪些路，正在走哪條路，你才能更篤定自己將要前往的方向。

可以說，「我是誰」是「靈魂三問」的核心。

## 三十個畫像法

你可能會說：「我雖然看你的『靈魂三問』是清晰的，但我對自己的『靈魂三問』則很模糊。我應該怎麼讓自己的『靈魂三問』更清晰呢？」

有個已驗證過行之有效的方法，是使用「三十個畫像法」。

該方法共分為三步。

第一步，羅列畫像。為自己安排一個不被打擾的兩小時，找一張白紙，或者打開一個空白文件，將出現在你腦海中所有關於「我是誰」的畫像都列出來。想像自己已經八十歲了，你現在是在「回憶過去」。

盡可能羅列三十個可能的畫像。為什麼是三十個呢？這是為了幫助你挖掘出埋藏在心底的願望，這些願望平日可能被許多凡塵瑣事覆蓋，只有透過向下深挖才能重新把它們找回來。

在這個過程中，不用擔心想成為「我是誰」會不會很困難，這個步驟只探討「必要性」。另外，請注意，這裡的畫像不一定非要意指某個具體的人（比如巴菲特、賈伯斯），你也可以用將來能做成某些具體的事情為準。比如，成為美食領域的專家、尖端科技評論員或足球主播等等。

第二步，開始做減法。把三十個畫像中令你感到有疑慮的畫像一一剔除，最終只留下三個畫像。這是個做完加法後再做減法的痛苦步驟，但當你走完這個艱苦的步驟後，它會幫助你節省精力，並讓你在下個步驟中發現意義。

第三步，發現或賦予意義。在剩下三個畫像後面，寫上你為什麼要成為該畫像的原因。比如，「我為什麼想要成為一個能出版五十本書的作家呢？」

首先，從心理上，他人能在閱讀五十本書的過程中，收穫有效成長的策略和成為更好自己的力量，這會讓我產生一種跟世界連結的成就感。

其次，這五十本書也將是我在這個世界上存在過的痕跡，是讓一個普通人也能變得不那麼普通的證據。

最後，從現實意義上來講，根據「二八法則」，五十本書中可能會有十本賣得不錯，十本之中可能有兩本會暢銷。暢銷書出現後，它能進一步讓我在財務上擺脫來自現實世界的約束和牽絆，實現「不想幹什麼時就不幹什麼」的財務自由、精神自由和社交自由。

你看，這是件「一分投入，三重產出」的事情，而且我也喜歡和擅長寫作。正是因為有這份意義感，確保我每天都能為了想要成為「我是誰」而投入時間和精力。

## 速度與品質

明確設定好「靈魂三問」後，接下來就是構建每一天的過程了。我把它拆分為「速度」與「品質」兩個概念來說明。

從速度上來說，我推崇「結硬寨，打呆仗」。

「結硬寨，打呆仗」是曾國藩帶領湘軍打勝仗的關鍵要領。「結硬寨」是指湘軍每到一個新戰場後立刻紮營，無論寒暑，都要修牆挖壕，哪怕有任何戰機都不為所動，是一項基本操作。「打呆仗」則是湘軍如遇攻城戰會選擇不直接開打，而是就地挖壕，每駐紮一天就挖一天，直到在城牆之外挖個「外環」出來，阻隔聯通，切斷補給，拖死敵人。

在我看來，要把「結硬寨，打呆仗」六字真言用在個人成長其實非常簡單，歸納起來為九個字：固定時間做固定的事。比如，我每天起床後，早上五到六點是固定的寫作時間，至少寫完五百字後去上班，有時靈感降臨也能一口氣寫上一千五百字甚至兩千字。這就和挖壕一樣，每天只要挖一點，日拱一卒，偶爾猛進，從不暫停。一段時間下來收到的成果就會很可觀。

從品質上來講，我提倡「先有後優」。

一開始品質差一點是很正常的，但隨著練習次數增加，你就能逐步掌握「賣油翁的本手」，這個時候就要開始對自己有所要求了。

騰訊原副總裁吳軍老師曾經說過，區分一個人是專業還是業餘，差別就在於是否願意花心思尋找更好的答案，而不是交差了事。這點我是深有體會的。比如，我在寫作時，經常會查閱各種資料，寫下的內容不僅要符合事實，而且還必須查看是否有更新的心理學或科學實驗論述推翻了之前的結論。寫完之後先放一天，還要拿出來再次審閱修改。

在這個不斷將品質做到最好的過程中，無論你走的是哪條路，都能在這個專業領域中不斷形成自己的知識體系，還可以將這套知識體系與現實問題融會貫通，從而設法解決未知的問題，真正成為你心中篤定的那個「我是誰」。

## 增強飛輪

「結硬寨，打呆仗」是每天的「努力」，「努力」一定要再搭配「策略」，才能讓我們裝上

「增強飛輪」系統，從而實現所謂「有策略地成為更好的自己」。

「增強飛輪」最早出自管理大師吉姆．柯林斯（Jim Collins）的「飛輪效應」（Flywheel Effect）理論。在「增強飛輪」系統中，要素與要素之間會互為因果，產生「因增強果，果又反過來增強因」的美妙結果。

比如，我在二〇〇八年辛辛苦苦地寫完一本不到十萬字的書稿後，沒有任何出版社願意出版。直到二〇一六年重新提筆寫社群發文，才開始收到出版社的邀約，完成了第一本作品。

儘管這本書寫得一般，銷量也不高。但在此過程中，它幫助我系統化磨練了自己的寫作能力，同時還降低了後續出版社跟我接洽的信任成本，相當於在整個「增強飛輪」系統中注入了第一次推力。

當我有了第一本作品後，我在社群媒體推文的最後跟讀者介紹自己時，會提及自己是這本《博弈心理學》的作者，隨著時間的推移，就會吸引更多出版社編輯主動邀請我寫書。

如此往復，就形成了「寫書——提高寫作能力——形成代表作——吸引更多優秀編輯邀約——寫書」的「增強飛輪」。原本惆悵寫完沒出版社願意出版的困境瞬間破冰，一本接一本的邀請協議紛至沓來，也讓我的寫作能力獲得磨練與提升。

同樣，我觀察到許多短影音經營者也有類似的「增強飛輪」：拍短影音——收到廣告主邀約——提高拍攝水準——產出更多代表作——吸引更多廣告主邀約——拍攝更多高水準短影音。類似的「增強飛輪」可以遷移到許多領域。

所以，當你在成為更佳版本的自己的道路上，探索出自己獨特的「增強飛輪」時，你也能建構起自己的進化系統。而當你每一天的努力都能推動整個系統往前進一點，你就離你人生中期望要成為的那個「我是誰」更近一點了。

# 第二節　積分效應

## 平行宇宙的躍遷法則

很多已經開始走上自我蝶變之路的人可能會感到有些困惑，比如，我明明已經堅持推動我的「增強飛輪」一段時間了，為什麼還是沒見到成效？再這樣沒有回饋，我又要沒有動力前進了，怎麼辦？

要解決這個「怎麼辦」的問題，你先要理解努力與成果之間關聯性的本質，這個本質叫作「積分效應」。

### 積分效應

什麼是積分效應？你學過微積分嗎？先別頭痛，因為它是幫助我們在平行宇宙間穿梭躍遷的基本法則。要怎麼理解這件事呢？先讓我們攜手進入一段回憶。

請回憶你第一次坐飛機時的情景。飛機機艙坐滿了人，你在座位上牢牢繫緊了安全帶，但還是惴惴不安。因為你有些擔心，這架飛機是否真的能飛起來，飛起來後又是否能一路安全抵達目的地。

隨著空服員的安全指示，飛機開始加速了，但你卻發覺好像和坐普通汽車沒什麼兩樣，頂多就是開得更快一點，推背感更強一點。正當你擔心飛機是否會一頭撞上機場外側圍牆的時候，你感到座位開始向後慢慢傾斜，轉頭往窗外一看，地面已經離你越來越遙遠，你第一次以翱翔的視野俯瞰這個城市的風景。

好，現在讓我們回來。飛機從啟動到起飛，一共經歷了兩個階段。

第一階段：飛機從靜止狀態躍遷到位移狀態。

第二階段：飛機從陸地位移躍遷到空中位移。

第一階段，當飛機從靜止到發生位移，是由於燃油燃燒給予了動能，讓飛機獲得了加速度（這也是你在座位上感受到推背感的原因），它讓飛機如同普通汽車一樣在起飛跑道上疾馳。而第二階段從地面位移到空中，則是由於飛機行駛的速度抵達起飛臨界點，這才讓這架龐然大物產生的升力大於自身重力，擁抱整個天空。

我們來釐清整個過程：飛機之所以能動起來，是因為速度經歷了動能的累積；飛機之所以會有汽車奔跑的速度，則是因為加速度經歷了時間的累積；同樣，當加速度的累積到達一定程度，即飛機移動速度到達某個閾值，此時機翼下方壓強減去機翼上方壓強所產生的升力大於飛機自身的重力，整架飛機就飛起來了。

所以，從微積分的角度，我們不難得出這樣的結論：位移對時間的一階導數是速度（行動），速度對時間的一階導數是加速度（努力）；而只有當速度（行動）達到一定程度，你才能看到「飛起來」的效果（成效）。任何變化的發生，都要建立在前一階要素累積足夠的狀況下，這就是積分效應。

理解了積分效應，你就獲得了一種全新的視角，它能幫助你在審視自己的努力與成效之間，多擁有一份淡定。

比如，你不再因為偶爾加了幾次班，就立刻期待得到主管的賞識；也不會由於才堅持讀了幾本書，就馬上希望自己的內涵能大舉成長。這種正常化努力的認知，就好比你今天已經坐了不下幾十次飛機，不會再擔心飛機到底能不能起飛了。

可以說，當你充分理解了積分效應，從此刻開始，你就擁有了「慢慢變強」的定力。

## 慢慢變富

慢慢變強往往是線性的，但慢慢變富則通常是非線性的。

比如，你每個月省吃儉用，能存下五千元，一年六萬元，二十年就是一百二十萬元。可是，哪怕只按照二%的通貨膨脹率來計算，二十年後的購買力也就只剩下現在的約六七%（$1/1.02^{20}\approx67\%$），即相當於如今八十・四萬元的購買力；如果按照三%的通脹率計算，則剩餘購買力更少，只有約五五%（$1/1.03^{20}\approx55\%$），即相當於如今六十六萬元的購買力。所以，如果你不具備一定的財務認知，好不容易賺來的錢也會由於認知的關係，逐漸離你遠去。

但財務認知光靠輸入理論是不夠的，你還需要更多訓練，以及訓練之後獲得的真實體會與反思來持續提升。因此，如果你從來沒有投資的經驗，建議你盡快拿一筆很小的資金（比如五千元）投資，從而真實地體驗暴漲時的激勵、急跌時的恐懼、平庸行情時忍不住想交易的情緒。

只要你不是天縱奇才，一開始往往是虧多贏少。但是沒有關係，當你透過實踐與檢討，把不該犯的錯全都犯過一遍，用真金白銀經歷兩次牛熊週期，你就能夠建立正確的投資素養。它會幫助你在熊市的過程中越跌越買，越買越跌，多次且小額地進行長線佈局；也會在牛市的上漲中促使你越漲越賣，越賣越漲，同樣在多次小額但更緊密的撤離中保住勝利果實，等待下一次熊市的入場機會。

以上這些說起來容易，做起來並不簡單。如何真正做到有知有行，就看你透過積分效應累積的功力是否足夠深厚到可以讓你平靜地笑看庭前花開花落、天邊雲捲雲舒，讓你做到有勇亦有謀，進退有節奏。

## 躍遷三配

理解了積分效應作用於慢慢變強和慢慢變富的原理，接下來要如何實踐呢？我建議的路徑是躍遷三配，即生活低規格、身體高規格、靈魂最高規格。

第一，生活低規格。

為什麼要生活低規格呢？

經濟學中有個概念叫「邊際效益遞減」，生活中物質享受產生的多巴胺本質上趨於曇花一現。比如，你可以回憶一下曾經讓你心心念念的奢侈物品，哪件不是擁有了三個月後就不再依戀？

所以，當我們在說「生活低規格」時，其實我們說的是許多富人財務自由路上的生活方式。比如，八十五歲後的巴菲特，他的早餐一般都不超過四美元，甚至他的錢包裡還時常夾著麥當勞的優惠券。雖然巴菲特不靠艱苦樸素賺錢，但低規格的生活阻礙不了他跳著踢踏舞去上班，陽光下彷彿仍舊是名翩翩少年。在生活低規格的框架下，你每個月可以存更多錢，這些錢既可以用來購買更多學習資源，讓你慢慢變強；也可以在建立投資素養後，增加你的投資本金，助推慢慢變富。

第二，身體高規格。

這個就很好理解了。培根曾說：「健康的身體是上帝的祝福。」焦慮的人，總是透支身體拚盡全力，只有他人猝死的新聞才能觸發他們的反思，讓他們停止熬夜、減少飲酒、鍛鍊身體。

身體高規格，意味著擺脫內耗，對加班說「不」，堅定不移；身體高規格，意味著拒絕應酬文化，對敬酒僅僅回以淡淡的笑意；身體高規格，還意味著用更多的時間增強體質，用更多的思考來告別低效率努力。

微軟前執行副總裁陸奇，每天早上四點起床，跑四公里，奉行長期主義，擁有常人難以企及的意志力。擁有好的身體，將你的靈魂放進品質良好的容器；擁有更多的時間，讓平均每年一○%年化報酬率的雪球在更長的坡道上越滾越大。

第三，靈魂最高規格。

在你變強變富的過程中，同樣可以同步追尋生命的意義。生命的意義是什麼？電影《可可夜總會》（*Coco*）裡說：「去世並不是真正的離去，被所有人遺忘才是靈魂真正的死亡。」

蘇格拉底，飲下毒酒；李白、杜甫，蕩氣迴腸；巴爾扎克，博採眾長。為什麼他們不會被遺忘？而歷朝歷代上品的達官貴人，卻鮮有人能令人記憶深刻。

答案是，最高規格的靈魂懂得創造，留下的故事、文章至今餘音繞梁。每個人都能創造，每個人透過積分效應慢慢變強，今後必有一技之長。把你的所長變成你的代表作，打磨它們，使之百鍊成鋼。

而且，就像《湖濱散記》（*Walden*）裡說的那樣：「當你實現夢想的時候，關鍵並不是你得到了什麼，而是在追求的過程中，你變成了什麼樣的人。」

# 第三節　成長算法

## 三個原則讓你持續躍遷

向上穿越平行世界並非一朝之功，要跑好這場長途馬拉松也需要某些高勝率算法。接下來，我會向你介紹三個向上成長的原則，它們都是根據我獲得的認知、自己的經歷和犯過的錯誤總結整理而成。是如今三十九歲的我迫切想要分享給二十九歲的我的錦囊。我在本節將它送給你，希望你也能從中獲得啟示。

### 原則一：職場高頻率轉換

你的身邊有年紀不大，但已身居經理、總監乃至副總經理高位的人嗎？如果你觀察他們向上成長的軌跡，就會發現這些人幾乎每隔一段時間就會挪動一下位置。

這裡面其實包含著不為人知的高手秘訣：高頻率轉換。

什麼是高頻率轉換？理解這個概念之前，我們不妨先來舉個例子。比如，你有一本《國語字典》，你想用這本《國語字典》和別人交換兩本《國語字典》，請問有可能做到嗎？

是的，幾乎不可能做到，對吧？

但如果你拿一本《國語字典》和別人交換一杯咖啡呢？然後再用這杯咖啡去交換一次與作家交流的機會，接著用一次與作家交流的機會交換兩本《國語字典》，這樣的事情可能發生嗎？

是的，這樣的事情發生的機率將大大增加。為什麼呢？因為每個人在交換物品時的偏好各有不同，尤其在一些價值模糊、不同品項事物之間進行價值交換時，交換雙方都會認為自己在本次交易中獲得了超額收益。

但如果在同品項事物之間交換，顯而易見，不同數量的同品項事物間的交換會顯得非常不合理。現在我們已經建立了關於交換的基本認知，接下來就讓我們帶著這份認知一起回到「高頻率轉換」的話題：到底什麼是高頻率轉換？

所謂高頻率轉換，是指你不能一路就這樣做到底，期望能透過自己日復一日的努力，在自己原本的職務上逐步升職：助理升專員，專員升主管，主管升經理，經理升總監……

當然，你可能會說，有時候會存在貴人提攜的可能性。

但撇開貴人的因素，這樣一條道走到黑的本質，實際上就相當於你企圖用一本字典交換別人的兩本字典。這種同品項事物的交換，其價值背後的邏輯十分清晰。這就非常不利於讓交換成真。

高手的秘訣在於，如果你在一個事業穩定的部門擔任主管，不妨轉去剛開始發展的部門擔任業務線負責人。一段時間後，你可能帶著業務線負責人的經驗，再轉換到一家規模稍小的企業做副總經理。如果在此期間做出了成績，有了你自己的代表作，就又可能被知名公司邀請，承擔總監甚至副總經理的角色。

同樣兩個人，一個可能還在原公司做主管，另一人已經當上了副總經理。

沒錯，這就是高頻率轉換的本質，是高手避而不談的秘訣，也是為什麼有些人離職後，去外面轉了一圈，回來後升職又加薪的原因。

正所謂「樹挪死，人挪活」。當你擁有了這種高頻率轉換的能力，就可能在職場上獲得曲折前進但持續向上發展的軌跡。

## 原則二：「實踐三十二公里」法則

求學時，我們學過中國地理，中國最西南的縣是隴川，中國最北邊的城市是漠河，兩者相距五千多公里。從隴川駕車去漠河，不停不歇，需要兩天十六小時。

美國也有這麼一條從西海岸聖地牙哥通往東北角緬因州的最長之路，長達四千五百公里，駕車不停行駛，也要兩天十小時。

《基業長青》（*Built to Last: Successful Habits of Visionary Companies*）的作者，管理與創業教父詹姆．柯林斯（Jim Collins）曾經安排三組人透過步行完成這條美國的最長之路。

第一組：規定天氣好時，必須前進八十公里；天氣不好時，原地待命。

第二組：可以自己規劃前進計劃。這些人對自己的標準非常高，強制規定必須日行八十公里，這樣計算下來，六十多天可以走完。

第三組：無論天氣好壞，只走三十二公里。

你猜第幾組會率先走完全程？結果出乎所有人的意料，是第三組。

柯林斯事後透過調查、訪談發現：

第一組的前進速度大舉受到天氣因素的牽制，而且越到後期，隊員們就越容易降低「屬於壞天氣」的標準；

第二組剛開始時簡直就是一支急行軍，但團隊很快就陷入疲勞，沒多久就變成「三天打魚，兩天曬網」的狀態；

第三組，雖然行進速度慢，但正因為慢，反而讓人更容易堅持，結果團隊花了五個多月的時間，成為第一支到達終點的隊伍。

所以，慢慢來，比較快。

同樣的事情也發生在很多名人身上。

比如，《挪威的森林》的作者村上春樹，截至二〇二二年八月，已經著有四十二本作品，他持續輸出優秀作品的秘訣是什麼呢？

答案是：村上春樹為自己定了一道規則，每天只寫十張稿紙，每張四百字，少一張不行，多一張也不行。你看，這是不是和柯林斯實驗中的第三組，每天規定只行走三十二公里的約定如出一轍？

哲學大師康德以《純粹理性批判》《實踐理性批判》和《判斷力批判》（合稱「三大批判」）聞名於世，他在規律工作上更是做到了極致。

第一，7：00—12：45，規律講課或寫作。除了講課，康德的「三大批判」系列幾乎都在該時段完成。

第二，15：30—19：00，規律散步。康德會準時從家裡出發，去朋友家聊天。甚至有人戲稱，柯尼斯堡大街上的路人會互相詢問是否已經到了晚上七點，接著會有人回答：「應該還沒有，因為康德先生還沒有經過這裡。」康德每天來回經過的這條路線，後世稱為「哲學家之路」。

第三，19：00—22：00，規律閱讀。哲學大師也需要站在別人的肩膀上俯瞰世界，透過閱讀書籍攝入精神食糧。

當然，康德是把規律前進實踐到極致的人，我們一開始設法實踐三十二公里法則時，不妨先把目標定得低一點，因為關鍵不是每天做了多少，而是養成實踐的習慣，持續行動。講到底，還是那句話：「流水不爭先，爭的是滔滔不絕。」

## 原則三：盡早擁有黃金圈思維

前兩個原則講的是做什麼和怎麼做，但比這兩個原則更重要的是為什麼。「Why-How-What」（為什麼—怎麼做—做什麼）三者拼接在一起，就形成了「黃金圈思維」。

為什麼你要盡早擁有黃金圈思維呢？

首先，黃金圈思維能幫你避免不必要的精力和時間投入，可以讓你在決定做某件事情前先停下來審視一下：你為什麼要做這件事。

國內知名商業顧問劉潤老師就曾說，關鍵不是如何從十七分鐘省出十七秒，而是這十七分鐘值不值得做，以及如何用十七分鐘省出十七小時。

其次，黃金圈思維還能讓你在瑣碎的生活中找到牽引你、給你持續動力的內在動機。比如，下面這個案例就曾讓我印象深刻。

某位美國學生曾憑藉優異的籃球技術獲得了大學獎學金，卻因吸毒和酗酒半途輟學，自毀前程。後來，他只能在一家酒吧上班，其間依舊與酒精、毒品為伴，甚至還想過要了結自己的生命。

某個晚上，他遇到了人生的轉機。開車回家的路上，他偶然瞥見一個小女孩在路邊賣汽水。以前他也看到過這位小女孩卻從未停留，但這次某股神秘力量讓他靠邊停車。

他向小女孩要了一瓶汽水，二十五美分。小姑娘去店裡拿汽水期間，他突發奇想，把汽車儲物櫃裡所有硬幣全都拿出來，這是在酒吧工作時得到的小費，總共四十美元左右。

小姑娘回來後，他一把一把地抓起硬幣放進她的小手，每放一把，他都能看到小姑娘臉上流露出喜悅的神情。

這次經歷讓他感覺「有一股幸福奇妙的情緒溢滿胸膛，甚至讓他流出了眼淚」。這是他人生首次感覺到自己的重要，這是一種為他人做了什麼之後升騰起的幸福感，讓他知道自己「為什麼」而活。

你知道自己「為什麼」而活嗎？

可能你現在心裡未必有答案，又或者該答案模模糊糊，說不清楚。我也深刻思考過這個問題，我也曾問自己，除了著作等身的成就感，我為什麼非要寫「五十本書」呢？

思考了很久，一個答案逐漸清晰。

因為這五十本書都會指向一個地方：成長。

無論是內在心理的成長、職場溝通的成長、家庭育兒的成長、投資理財的成長、商業戰略的成長還是健康養生的成長，我都希望結合自己的特長「閱讀、思考、體悟、總結」，並熱愛「分享、傳播、交流」，再透過寫作的方式，把這些關於成長的方向與有效的策略變成一本本書，讓有緣透過書相識的讀者都能像小女孩一把一把收到硬幣一樣，內心平靜、歡喜。

每個人都有自己「為什麼」而活的答案。

我找到了，希望我也能幫助你找到。

# 第四節 結構化配置

## 構建你的自我複雜性

持續躍遷成為更佳版本的自己，這條道路一定不會一帆風順，我們雖然在走上坡路，但過程中必然會遭遇波動。波動往往會引起焦慮，焦慮又可能會影響行動，行動力變差則可能會讓事情往糟糕的方向發展，而糟糕的結果又可能引發更多的焦慮。

想要有效避免這種負向增強迴路發生，根本辦法之一是設法平抑波動，而平抑波動則需要依靠結構化配置。

### 結構化配置

什麼是結構化配置？在開始講述結構化配置的定義之前，我們先來設想一個情境。

假設你在某個海島上經營一家度假旅館，每當晴空萬里、風和日麗的時候，你的旅館就會吸引遊客，日利潤可以達到五十萬元；但如果陰雨連綿，旅館就會門可羅雀，不僅賺不了錢，反而還要虧損四十萬元。因此，雖然你經營的是服務業，但仍然和以前的農民別無二致，靠天吃飯。哪怕天還沒下雨，只是陰雲密布，都會讓你非常焦慮。

假設你經營一家雨傘公司。只要狂風暴雨或陰雨連綿，你的日利潤就可達到五十萬元；但倘若晴空萬里、風和日麗，排隊購買雨傘的遊客就會消失，你不僅一無所獲，反而因營運費用、人事成本等，還要虧損四十萬元。所以，儘管你經營的是製造業，但仍舊和以前的農民別無二致，靠天吃飯。哪怕降雨量開始變小，也會令你非常焦慮。

聰明的你看到這裡一定會說，如果兩個角色交換股份，彼此各持有五〇%股份，那麼無論刮風下雨，還是晴空萬里，都能在虧損二十萬元的同時，賺取二十五萬元，即可以穩定獲得二十五萬元－二十萬元＝五萬元日淨利，獲得穩穩的幸福。

以上情境並非柏拉圖式的理想國，而是結構化配置的概念，即透過擁有結構化的自我複雜性，讓個體自我面的數量放大，從而刻意提高結構化的自我複雜程度。就像我們在前面的章節曾經提到的，自我複雜程度越高的人就好比一張桌子擁有多條桌腿，哪怕某一條暫時受損，也會因為有其他桌腿的存在，讓整體桌面仍然保持穩固。

更穩固的桌面平抑了你的情緒，讓你擁有更多的掌控感與安全感，在這種掌控感與安全感的作用下，你就不容易陷入焦慮，從而擁有穩定的心理能量，並把它們運用在更需要的地方。

## 構建結構化配置的心法與技法

構建結構化配置的過程中，以下心法和技法能有效幫助你，接下來我們進行詳細的拆解。

**心法：對沖法則。**

對沖原本是金融學中的概念，它是指同時進行兩筆行情相關、方向相反、數量相當、盈虧相抵的交易。比如，航空公司最大的成本之一，是飛機航行所耗費的燃油，但燃油的價格波動很大。為了平抑燃油價格波動造成的風險，通常航空公司會購買一份經過精心計算的期貨合約。如果燃油價格上漲，雖然航空公司營運成本同步上漲，卻可以透過期貨合約賺取收入，從而彌補成本上漲帶來的損失。如果燃油價格下跌，雖然在期貨合約上蒙受了損失，但燃油價格下降節約了營運成本，兩相對沖，相當於不虧不賺。

哈利．馬可維茲（Harry Markowitz）是把「對沖法則」運用得爐火純青的現代投資組合理論開創者。一九九〇年，他研究對沖風險的論文還獲得了諾貝爾經濟學獎。馬可維茲的理論非常簡單，就是投資時，五〇%買股票，五〇%買債券。你可能看出來了，這種結構化配置的方式跟度假旅館和雨傘公司的案例如出一轍。

後來，當馬可維茲被他人質疑「不夠量化」時，他回答道：「一個投資者沒買股票，股票卻大幅上漲，他必然會十分遺憾；而當他全買股票時，股市又大幅下跌，他也會十分懊惱。與其如此，不如使用『五〇％對五〇％』的結構化配置法，以使人們的遺憾最小化。」

因此，對沖法則作為一項心法，它的意義並不是讓幸福最大化，而是讓焦慮最小化。

**技法：ＡＢＺ計劃。**

ＡＢＺ計劃是由PayPal執行副總裁、LinkedIn聯合創辦人里德．霍夫曼（Reid Hoffman）所創。在霍夫曼看來，任何人都應該有一個ＡＢＺ計劃。

Ａ計劃，是一件勝率高、賠率一般，需要投入大部分時間與精力的計劃，通常它是你正在從事的工作。你的工作雖然可能無法讓你大富大貴，但它是你安全感的來源。而且逐步累積工作經驗，你處理工作上的問題時，也會越來越得心應手，同時你也可能被賦予重要的職責、更困難的挑戰和任務。

Ｂ計劃，是一件勝率低、賠率高，可以投入小部分時間和精力的計劃。這是你可以在工作之餘追逐自己夢想的秘密專案。而且由於Ｂ計劃是你的心之嚮往，所以你的投入度會比Ａ計劃來得更高。比如，對早年的愛因斯坦來說，他的Ｂ計劃是在專利局的工作之外研究他熱愛的物理學；劉慈欣的Ｂ計劃則是在娘子關發電廠擔任電腦工程師的同時悄悄寫其痴迷的科幻小說；而對我來說，我的Ｂ計劃是利用每天清晨的時間寫作，一年設法完成二到三本書。如果你還沒開始實踐Ｂ計劃，建議你趕緊開始。

Ｚ計劃，是一件較高勝率、中等賠率，不怎麼需要投入時間和精力的計劃。字母Ｚ，是英文二十六個字母中的最後一個字母，因此，它也是你最後的保障，是當你的A、B兩個計劃萬一都宣告失敗後最後的退路。比如，現在很多三十五歲以上的中年人都擱置了他們的A計劃，同時，他們的B計劃也很可能才剛剛開始，尚未成形。此時，Z計劃就顯得尤為重要。那麼到底什麼是Z計劃呢？在我看來，Z計劃是你和你家庭的資產保障。無論是購買低風險理財商品，還是購買中風險的股債組合，以及購置一份或多份保險，它們都是Z計劃。Z計劃越早開始，就越會為你多帶來一份保障。

整個ABZ計劃，我們最期望看到的情境是：Z計劃永遠用不到，A計劃逐漸被B計劃取代，最終你可以像愛因斯坦或者劉慈欣那樣，毫無後顧之憂地「為愛發電」，同時還能依靠它獲得可觀的經濟回報。

## 三個小建議

實踐結構化配置的過程中，有三個小建議需要特別注意。

第一，發展初期，請務必以A計劃為重。

如果你的工作經驗還不到五年，建議你先充實自己A計劃中的主要業務能力。因為A計劃不僅是你的基本盤，而且工作五年左右是個重要的關卡。如果你能透過衝刺升上A計劃中的管理職，你每天遇到的困難和挑戰將會上升一個等級。

這些更有難度的挑戰可以迅速鍛鍊你的思考能力，更複雜的跨部門協作也會迫使你在跟陌生人打交道的過程中磨練你的溝通能力。思考與溝通能力，會是你將來實踐B計劃時不可或缺的能力。同時，只要付出足夠的努力，前五年的個人收入成長也會更加快速。這樣A計劃也能產生夠多的現金流以孵化Z計劃。

第二，發展中期，請務必控制自己的消費慾望。

當你已經實踐了A計劃五到十年，一般來說，你的個人收入已經達到了一定的水準。這時，有的人看見自己的收入增長後，會自然而然地增加消費開支。這麼做不僅會延緩Z計劃的進度，而且容易陷入消費享樂主義，滋生怠惰，讓自己失去了持續發展B計劃的動力。

更何況，消費品帶來的滿足感，總是在人們尚未擁有的期待時期令人愉悅。等真正拿到手後，人們的心理滿足感很難超過三個月。所以，當你厭倦了舊消費品後，對另一件新消費品的渴望就又開始升騰，這樣一來，就容易延緩B計劃和Z計劃的進度。

第三，發展全程，請務必設法提升身體的預期壽命。

結構化配置的自我複雜性主要體現在心理層面，但實踐ABZ計劃時，也請務必同時設法提升身體的預期壽命。要如何提升預期壽命呢？我們可以參考來自美國天普大學神經學系教授黛安娜・伍德拉夫（Diana Woodruff-Pak）博士的長壽測試題，其中影響預期壽命加減項的習慣，尤其值得你關注。如增壽的習慣包括每星期訓練三次以上，每年參加體檢，遵守規則、注重安全；減壽的習慣包括每天抽煙，每天睡眠超過十小時或不足五小時，有超過一年情緒低落或憂鬱。

當我們透過改變習慣，擁有更健康的身軀和更長的預期壽命，我們也就為自己配置了更優秀的結構化程度，以更強韌的身心，有策略地成為更佳版本的自己。

# 第五節 認知升級

## 寬門與窄門的選擇

### 寬門 vs 窄門

寬門是條最初走起來很容易上手的路。由於人類的大腦傾向趨樂避苦，所以很多人開始時總會從簡單的事情開始做起，這就是所謂的寬門。寬門雖然好走，但由於缺少壁壘，選擇走這條路的人很多，所以擠滿了人，會越走越難。

另一條路則是窄門，這條路在最初的時候會特別累，是「少有人走的路」。但你別看它短時間內很難走，正是因為難，所以選擇走這條路的人自然也很少。但窄門的路會越走越寬，走到後面，是一片海闊天空。

那麼，到底應該怎麼選？是選擇走寬門還是走窄門呢？

事實上，在這個世界上，大多數未經過認知提升的人，都會不由自主地選擇走寬門。因為走寬門的門檻很低，短期內就能獲得正回饋。甚至在紅利期，很多人都可以從中分到一杯羹，獲得不少收益。但正如巴菲特曾說：「當潮水退去，才知道誰在裸泳。」繁華落盡，一地狼藉，只有真正付出努力的團隊與個人，才能「剩者為王」。

二〇一六年後，很多城市的馬路上開始出現一些共享單車，只要刷條碼支付押金，就可以用一元的代價租借一次。這就是當年的新品項——共享單車。

一開始，共享單車是種非常好的投資品項，為什麼？因為一輛單車的成本大約一千元人民幣，而一輛單車每天用戶平均使用五至十次，計算下來，四到五個月就可以收回成本。

與此同時，一般投資計畫的回收週期大約是兩年，突然出現一個僅四到五個月就能回收投入資金的專案，從資本的角度來看簡直是驚為天人。所以當時有個現象，大家發現馬路上到處充斥著各種顏色的共享單車，甚至有人戲謔「限制共享單車發展的是顏色不夠用」。

然而，十分短暫的繁榮期過去後，開始出現倒閉潮。第一個倒下的共享單車品牌叫悟空單車，它只活了短短三個月。當然還有非常著名的小黃車 ofo，即使到今天，還有很多人的押金還沒能退回。

你看，共享單車業務就是典型的寬門。走寬門，路是大的，但進去的人也多，所以越到後面就越難走。截至二〇二二年八月，中國單車市場就只剩下美團、哈囉和青桔三足鼎立。

所以，寬門一開始的確容易，但越走到後期，就越不容易。

說完寬門，再說說窄門。

除了單車大戰，另一個曾經發生大戰的戰場是團購業務。實際上，最多的時候有六千多家團購網站，然後經過一輪大淘汰後，變成了一千兩百家，之後又變成百團，緊接著變成十團大戰，隨後兩團大戰，最終兩團合而為一。美團和大眾點評合併，變成了一間新公司——美團大眾點評。

美團之所以可以存活到最後，其實和它在寬門裡找到了窄門有關，這個窄門是什麼呢？很多同行透過大量投放廣告，用行銷活動獲取用戶，但美團選擇了一條少有人走的路。在嚴防死守自身現金流被掐斷的前提下，美團把大量資金投入一扇窄門——提升用戶體驗，透過口碑行銷的方式獲得用戶。

比如，現在很多人習慣訂餐後，查看外送人員在電子地圖上去店家取貨、取到貨後離你有多遠、大約還有幾分鐘可以到達。還有用戶在購買團購券時，總會擔心自己的團購券如果不小心忘記使用，浪費掉了怎麼辦。後來，美團就推出了諸如「過期自動退」的功能。這些服務細節的提升，都是源自美團提升用戶體驗的結果。

## 個人選擇

個人和企業在寬門與窄門的選擇上，其實遵循著同樣的規律。

英國作家、文學評論家塞繆爾・詹森（Samuel Johnson）正是一個選擇走窄門的人。儘管他最初經濟十分拮据，但依然花費整整九年的時間日拱一卒，推動編寫了一本《英語字典》（*The Dictionary of the English Language*）。這本著作一出版，就受到了大量評論家的稱讚，甚至大哲學家休謨（David Hume）也美譽道：「它已不僅僅是一本參考書，而是一部文學作品。」

為什麼這麼一部名字稀鬆平常的字典能獲得如此高的評價呢？這是因為它在以往同質化嚴重的辭典範式之外，不拘一格地走出了另一條風趣的「窄門之路」。

正是因為塞繆爾・詹森為閱讀《英語字典》的人們創造了獨特的情緒價值，一七六二年，他獲得了每年三百英鎊的政府津貼。他去世後，甚至被安葬在著名的西敏寺公墓，與莎士比亞、牛頓、達爾文、狄更斯等曾為這個世界做出卓越貢獻的人安葬在一起。

無獨有偶，我曾認識一位聲音導演，因為喜愛聲音，她也選擇走進了一扇窄門。在這個平行宇宙中，她在家辦公的前五年承受著來自家庭的巨大壓力，因為她的同學們都已經獲得不錯的收入，而她卻每天窩在家裡自建的錄音室折騰，偶爾才接到零星的商業工作。

但正如我們在之前的章節中曾經講過：

當勝率為一〇％，意味著失敗率為九〇％，而九〇％的二十九次方約等於四．七一％，即一件失敗率九〇％的事情重複二十九次，只有四．七一％的可能性全都失敗，那就意味著，你有九五．二九％的機率至少成功一次。

同樣，哪怕勝率僅為一％，意味著失敗率為九九％，而〇．九九的二十九次方約等於五％，因此，如果一件勝率只有一％的事情重複二十九次，也會有九五％的機率至少成功一次。

這次，她的某部有聲廣播劇一躍成名，不僅讓她賺到了遠超過前五年收入總和的金額，同時也奠定了她在該領域的地位。各類網路小說版權、曝光資源紛紛跟她接洽，她也一躍成為此領域代表人物，不僅擁有多部知名代表作，每次實體課程的出場費也高達五位數。

## 寬門中的窄門

你可能會問：「不是所有人都有勇氣一上來就走『難而正確的窄門之路』。如果我現在正走在寬門的路上，接下來該怎麼辦？」

答案是，找到寬門中的窄門，設法構建你的核心競爭力。

所謂核心競爭力，就是別人無法在短期內替代你的能力。我用我自己的職場經歷來和你分享，可能會對你有所啟發。

以前我在傳統產業，論專業技術，別人累積了幾十年，我就算再努力也不可能超越那些老師傅，所以剛開始時我就陷入了內耗的循環。後來，我發現這些老師傅PPT能力不足，數據分析能力不足，上台演講的能力更是不足。

根據這三個「不足」，我找到了自己在這個生態系統中的定位。然後透過三年的刻意練習，讓這家公司的同事，一想到做PPT、數據分析、上台演講，第一個就想到我，這稱之為**佔領心智**。

後來，我又來到了網際網路產業，在該產業，PPT做得比我好、數據分析比我更透徹、演講能力比我更強的人多如牛毛。假如我再用以前的「老三套」又會再度陷入內耗，那該怎麼辦呢？

這時候，我利用在傳統產業跟老師傅們打交道累積下來的深度思考能力，還有我自己寫書時磨練出來的結構化能力，加上我比更年輕的人擁有更豐富的閱歷、對人性的洞察能力，就成了我的「新三套」，別人思考問題打結時，就會來找我討論。我比這間公司裡絕大多數人更能協助他人看透本質、解決難題。隨著口碑的累積，讓我有更多機會跟更多聰明人協作，也更容易跨部門調動資源。

所以，當你也能透過思考和行動，用三年的時間構建自己在某個小生態系統中被需要的核心競爭力，你也可以使用它在該系統中佔據一席之地。

# 第五章

# 運氣的科學

# 第一節　運氣實驗

## 三個實驗釐清一個人的運氣

人生是一場隨機漫步的修行，除了努力和策略，想要成為更佳版本的自己，有時還需依靠運氣。關於運氣，你有多少認知呢？本節我們將透過三個實驗，幫你釐清一個人的運氣。

### 「才智與運氣」實驗

你認為聰明人更容易獲得好運，還是普通人更容易獲得好運呢？

義大利物理學家與經濟學家曾經聯合做過一場虛擬實驗，他們建立了一個系統，在該系統中，「成功」被簡化成只受才智和運氣影響，不考慮後天努力等其他因素。實驗中有三個限制條件。

條件一：根據常態分布設定虛擬人的智力，其中大多數為普通人，約佔六六％，極高智商與極低智商者比例不足一%，其餘為智力較差或智力較高的人。

條件二：好運降臨在智商越高的虛擬人身上所帶來的收入成長越大，落在智商越低的虛擬人身上帶來的作用則越不明顯。

條件三：好運每半年會隨機選擇落在某些虛擬人身上。

最後觀察，四十年過去後，什麼樣的人容易獲得世俗意義上的「成功」。

該團隊總共執行了一百次模型，結果十分穩定，總共呈現三個特徵：

特徵一：「成功」的分布幾乎完全與「二八法則」一致，即二〇%的虛擬人佔有全部財富的八〇%。

特徵二：站在金字塔頂端的四%（雙「二八法則」，即二〇%中的二〇%）幾乎全由智商一般的普通人組成。

特徵三：智商極高的人擁有的財富水準很普通。

這個結果讓很多人感到驚訝。為什麼智力程度高的人反而沒有獲得世俗意義的「成功」呢？難道智商高的人容易有低情商，就算是虛擬人也不例外嗎？

事實上，世俗的成功與否的確與智商關係不大，因為運氣是隨機降臨的，而且還受後天努力等其他因素影響。試想，一百個人中有六十六個普通人，只有一個智力卓越的人，哪怕運氣降臨後產生的賠率比較大，收益較多，但由於勝率只有一%，四十年運氣總共降臨了八十次，那麼這一位智力卓越的人被砸中的機率仍舊只有1－（1－1%）80≈55.25%，即在他的一生中，只有一半多一點的可能性降臨一次好運。

你可能會問，那社會上那些剛畢業就年薪百萬的「超級天才」是怎麼回事？答案是，這裡極可能存在「倖存者偏差」，即我們只能看到經過了某種篩選之後的結果，但往往會忽視篩選的過程。那些未能被篩選出來的人只是沒有發聲，淹沒在茫茫人海之中罷了。

所以，「才智與運氣」實驗告訴我們，老天爺是公平的，他不會因為少數人智力卓越而特別優待他。而作為普通人，面對好運是否會降臨這個問題，我們也要保持平常心。

## 「放鬆與運氣」實驗

英國赫德福特大學教授、暢銷書作者李察．韋斯曼（Richard Wiseman）曾經做過一個關於「放鬆與運氣」的實驗。他設計了一份報紙，並請受試者瀏覽後告訴他，這份報紙總共有幾張圖片。

所有人都認為該任務十分簡單，其中大多數人會花一到兩分鐘，仔細計算圖片數量；少部分特別仔細的受試者會花更多時間，因為他們會反覆核對，害怕搞錯，確認數量後再回報韋斯曼博士。

但其實，受試者其實只需要很短的時間就能告訴韋斯曼博士正確數量，因為報紙第二頁幾乎用了半版的篇幅寫著答案：別數了，本報紙共有四十三張圖片。可是，這些受試者卻無一例外，視而不見。更氣人的是，韋斯曼博士還在報紙中間同樣用半個版面的空間用很大的字體寫了另一條資訊：「別再數了，告訴實驗人員你已看到該資訊，可以領取兩百五十美元。」但聚精會神於「數數」的受試者依舊表現出「視而不見」的態度。

實驗過後，韋斯曼博士請他們再次翻閱該報紙時，幾乎每個人都在十秒內就發現了第一條資訊。看到之後，他們捂嘴大笑，驚訝於自己為什麼之前沒看見；而當受試者翻閱到第二條資訊後，更是不約而同為錯失兩百五十美元感到懊悔，並陷入沉思。

韋斯曼博士真是「壞死」了。但這項實驗也反映了一個問題，即當運氣降臨的時候，什麼樣的人會視而不見？

我在《熵減法則》這本書裡曾經提到過一個概念，叫作「無意視盲」，即當觀察者集中注意力在某個事情或物體上的時候，往往會無法察覺一些顯著的、在正常狀態下明明可以注意到的事物。

因為集中注意力的時候，大腦高度緊張，此時我們會自動隔絕當下覺得並不重要的資訊。比如，你邊走邊想事情的時候，可能就不一定能注意到同事跟你打招呼，甚至有些人還會戴著眼鏡找眼鏡、拿著手機找手機。這些都是無意視盲的體現。

無意視盲的確可以幫助我們專注於做事情，隔絕部分干擾；但與此同時，它也「幫」我們隔絕了「運氣和機會」。那怎樣才能不陷入無意視盲的狀態呢？

答案是，有意識地提醒自己透過深呼吸、放空大腦等方式，讓大腦重新進入放鬆狀態。這樣就可以在運氣降臨時，顯著提升我們捕捉到它的機率。

## 「預期與運氣」實驗

英國雪菲爾大學心理學系副教授彼得・哈里斯（Peter Harris）曾經做過一項問卷調查。這份問卷總共包含八道題目，受試者需要在看到每道題目後，不假思索地填下他認為這件事情可能發生的機率。

(1)有人對你說，你很有天賦。
(2)別人說你看起來比實際年紀更年輕。
(3)你有時間好好享受下一個長假。
(4)獲得一萬元且可用於個人消費。

(4)至少實現你自己的某一個人生目標。
(6)你能和家裡人維持良好的關係。
(7)有朋友從遠方來拜訪你。
(8)你取得的成就會受人羨慕。

你可以試著做一下，然後把這些寫下來的分數（每題得分為〇%到一〇〇%）加起來，最後除以八，看看最後平均分數是多少。

請把結果和下面的標準比較：
〇至四十五分，分數較低；
四十六至七十四分，分數中等；
七十五至一〇〇分，分數較高。

我自己除了第(7)題「有朋友從遠方來拜訪你」的機率大約為三〇%，其餘大多落在八〇%至九〇%，所以平均分大約為76分，勉強在「分數較高」的區間。

韋斯曼博士也曾把這份問卷分發給諸多受試者，還加了第(9)題：你認為自己是幸運的、運氣一般，還是運氣不佳？

實驗結果顯示，最後一題的結果與前八題結果的平均值呈現正相關，即前八題的平均分數：幸運者＞運氣一般者＞運氣不佳者。尤其是第⑷題，幸運者的分數比運氣不佳者的分數高一倍不止。

這個結果與心理學中「自證預言」的結論如出一轍，即人們會不自覺地按已知的預言來行事，最終讓該預言發生。這是因為對自己有正面期望的人，在面臨選擇時，會傾向於接受挑戰。

比如，我曾同時交付兩位下屬競品研究調查的作業。到了截止日期，小M說她接到任務時就覺得自己沒有能力做，所以一直沒有完成。而另一位小Z雖然完成了作業但遠沒達到我的預期，不過，她從網路上找了一個「SWOT」分析的模板，依樣畫葫蘆填入了她觀察到的事實。

這樣的結果讓我較為看好小Z，之後有更多好機會的時候，第一時間想到的會是小Z。

有人總是抱怨自己沒有貴人提攜，運氣總是不來垂青。他們或許不知道的是，對自己有怎樣的期待，都可能在自己的心智種下一顆種子，假以時日，種子會開花結果，讓他們成為一個運氣值更高的人。

## 第二節 四種「運氣」你選擇擁有哪種

如果說上一節的運氣實驗令你有所啟發，讓你發現原來運氣也能以人為方式干預。那麼本節我將帶你一一整理存在於這個世界中的四種運氣，從而確定我們到底應該選擇追逐並擁有哪種好運。

### 第一種運氣：隨機漫步的運氣

這是普通人普遍追求的好運。然而，隨機漫步的運氣只是上帝擲骰子的結果。比如，在公司尾牙抽中頭獎、抽新股票中籤，又或者摸到一手好牌。這類運氣是純粹隨機的結果，除非作弊（有些也無法作弊），否則沒有人可以干預結果。

不過，你可能會問，那為什麼身邊有些同事幾乎每年尾牙都會中獎？或是有種說法是，上午十一點抽新股票更容易中籤？這些難道不是提升隨機好運機率的竅門嗎？

對不起，還真不是。這些仍舊是隨機漫步的結果。我舉個例子你可能就明白了。例如，拋一枚硬幣，拋出正面或者反面的機率都是五〇％，但某一次遇到了奇怪的事情：已經連續十次都是正面了，如果這時候讓你押注第十一次的結果是正面還是反面，你會怎麼判斷呢？

一部分人或許認為，既然十次都是正面，那下一次為反面的機率更大，畢竟好運不可能一直持續下去。另一部分人覺得，既然已經十次都是正面了，那說明運氣此時已經站在了「正面」這邊，趁「正面運氣」還沒有全部用完，應該趕緊押注正面。

事實上，稍微有機率概念的人都知道，以上兩種判斷都是錯的。第一種判斷是典型的「補償心態」，這種觀點認為哪怕是一件機率固定的事情，既然目前已經發生了機率較小的情況，那麼接下來應該會發生逆轉。第二種判斷則被稱為「熱手效應」（Hot Hand Effect），它源自籃球運動，是指比賽時一位球員連續命中後，隊友會認為他此時手感很好，接下來的命中率依然可以維持較高水準的錯覺。

無論是「補償心態」還是「熱手效應」，都是人類的認知偏差，會造成人們「感覺某位同事運氣爆表」或者「某個時間點下單抽新股更容易中籤」的誤判。

隨機漫步的運氣既然是隨機的，那麼它的特點正是其不可控制性。所以，無論是好運還是厄運，只要它是隨機的，在面對它時，佛學中有一種叫作「無常」的心法值得借鑑。因為它能幫助我們的內心擺脫執著，對隨機發生的得失保持平常心。

正如《金剛經》所述：「一切有為法，如夢幻泡影，如露亦如電，應作如是觀。」

## 第二種運氣：連續行動的運氣

單身人士如果總喜歡宅在家裡，那就很難遇到意中人；理財小白如果從來沒嘗試過投資理財，那麼他永遠也不可能透過提高年化報酬率來實現財務自由。反之，資本之所以更青睞連續創業者，則是因為連續創業者擁有「連續行動的運氣」。

是的，當普通人熱衷於求神拜佛來祈求「隨機漫步的運氣」降臨時，很可能未曾注意過「連續行動的運氣」的威力。為什麼連續行動能帶來好運呢？

如果你讀到這裡還無法立刻回答這個問題，我再用一個日常生活中隨處可見的例子帶你重新複習一下「勝率的魔力」。假如你在外送平台參加整點秒殺「滿百打八折」高額折價券的活動，該活動搶到的成功率如果是三〇％，就代表你這次搶不到的機率為七〇％。而倘若該平台從九點到十八點這十個小時，每個整點都能搶一次，那參與十次，全部搶奪失敗的機率為七〇％的十次方，約為二・八％。換言之，每逢整點就去搶，十次之中，至少能搶到一次的機率為$1-2.8\%=97.2\%$。

你看，小到外送平台的活動，搶到的成功率即使低到只有三成，只要連續行動，你就有高達九七．二%的機率可以「奪得好運」。所以，這也是為什麼攝影棚拍照一拍就是幾百張，因為那麼多照片，總能挑選出若干張還不錯的照片。為什麼優秀的短影音創作者總是那麼積極上傳影片，因為一年更新下來，一千個短影音中，總會出現若干支熱門影片，甚至一兩支超級熱門影片。

心理學者迪恩．西蒙頓（Dean Simonton）曾經專門做過研究，他發現藝術家的影響力與其作品的數量呈正相關。比如，巴哈的作品超過一千部，巴爾扎克的著作超過九十本，畢卡索的藝術作品更是超過一萬件。正是由於他們連續不斷地完成作品，所以總有那麼一些會在歷史的長河中留下痕跡。

所以，第二種運氣的本質是「勤奮」，而且還是「持之以恆的勤奮」。只有嘗試並產出足夠的數量，才能在「大母數」中篩選出高品質且有影響力的作品。

看看大師，再看看我為自己定下的寫完五十本書的目標，發現原來我對自己的要求還是太低了。

## 第三種運氣：擁有目標的運氣

為什麼僅僅擁有目標也是一種運氣呢？

你可能聽過一種叫做「吸引力法則」的理論，該理論認為，你只要在心裡「向宇宙下訂單，宇宙就會讓你實現願望」。「吸引力法則」還被拍成一部叫作《秘密》的紀錄片，在當年盛行一時。

撇開行銷包裝和神秘學外衣，「吸引力法則」的本質是：「擁有目標」與「自證預言」。在該紀錄片中，《心靈雞湯》的作者傑克・坎菲爾（Jack Canfield）為了實現一年賺到十萬美金的小目標，他在一元紙鈔數字「一」的後面，用記號筆寫了五個「〇」，然後將這張「十萬美元」的紙幣貼在天花板上。這樣，每天醒來，他就能第一時間看見那張「十萬美元」大鈔。

一個月後，坎菲爾洗澡時突然靈光乍現，想到一個主意：如果他寫的一本書，能設法賣出四十萬本，每本賺〇・二五美元版稅，他的小目標就實現了。

接下來，他開始瘋狂巡迴演講。在進行了大約六百場演講後，他接受了《國家詢問報》（*National Enquirer*）記者的採訪。該訪談內容發表後，書籍銷量大增，坎菲爾的小目標也就此實現了。

坎菲爾的案例中，一共有三個特點。

第一，「倖存者偏差」。當取得資訊的管道只源於倖存者的時候，該資訊可能會跟實際情況有所偏差。換言之，如果最後坎菲爾沒有實現目標，紀錄片節目組也不會邀請他，他自然也無法訴說他天花板上那「十萬美元」的故事。

第二，「擁有目標」。由於他有一個十分具體的目標——「賣出四十萬本」，所以目標的指引讓他很快就找到一個與目標相關的行動路徑——「透過巡迴演講來獲得流量」。這就讓他啟動了第二種「連續行動的運氣」：促使嘗試次數達到足夠大，使之產生某些意想不到的「好運」。在坎菲爾的故事中，這類「好運」體現在接受《國家詢問報》採訪。

第三，「自證預言」。「相信自己能賣出四十萬本書」的信念，以及每次演講後獲得的一些書籍的銷量回饋，讓坎菲爾堅持演講超過六百場，並且他在每一次演講的過程中累積了更出色的演講技巧，不斷形成獨特的吸引力。

最後，還是有必要強調一下，「有目標的運氣」只能加大一個人敏銳地捕捉到有效路徑的機率，「自證預言」也僅僅只是幫助人們產生連續行動的動力，而且由於「倖存者偏差」的存在，就算這麼做了，所謂的「吸引力法則」也未必能百分之百發揮作用。

所以，第三種運氣，說得戲謔一點，就如同知名學者梁文道經常講的那句話：「不保證成功，不一定有用。」但，「有」一定比「沒有」強。

## 第四種運氣：心智定位的運氣

如果說第一種運氣無法掌控，第二、第三種運氣只是在緩慢地幫助你提高勝率，那麼第四種運氣就彷彿是在遊戲中集氣後放出的大招，一旦釋放，威力無窮。

這種好運，就是心智定位的運氣。什麼是心智定位？它來源於行銷定位大師傑克．屈特（Jack Trout）的理論。定位理論認為：一旦在人們的心智中達成「一想到某個需求時，第一時間就想到你的產品或服務」，那你就擁有了品牌護城河。

比如，一想到商業顧問就會想到劉潤，一想到閱讀推廣就會想到瓦基，一想到資產配置就會想到市場先生等等。與此同時，為什麼品牌護城河是一種運氣呢？

因為所謂好運，它是一種突然或意外碰到的好事。比如，應聘高薪職位，最後你被錄取了；又如，你負責的產品大賣，你獲得升職加薪。在我看來，好運的本質，是一種增加自身優質選擇權的能力。當一個人擁有了個人品牌護城河，他就很容易收到某些意料之外的合作邀請。

比如，當我只出版了前兩本書時，為了找到第三、第四本書的邀約合作，我等了一兩年。而當我的《熵增定律》在市場上賣了十萬本後，就有很多出版社的編輯主動來聯繫我，希望能跟我合作。

所以，當你在某個領域有了某些代表作，具備自己的獨特性，而且別人也認同這些代表作、認同你身上的某些稀缺性時，他們就很可能會在產生相關需求時，第一時間想到你。

## 第三節　逆轉運氣

### 把厄運變成好運的方法

你覺得自己是個有好運氣的人嗎？你覺得自己經常能化「厄運」為「好運」嗎？如果你對自己這項能力沒有信心或是不太確定，可以試著做下面這三道簡單的測試題，並且在閱讀完每道題目後，按照「不幸到幸運的程度」幫自己打分數，〇分為最不幸，五分為最幸運。

第一題：年度體檢，你檢查出自己有膽囊息肉、肝血管瘤、甲狀腺結節、肺部結節。

第二題：你加入一個新部門，部門主管是個控制狂，你做的每件事情他都要設法批評你幾句。其他同事則悄悄告訴你，這就是該部門的風格。

第三題：部門開小組會議，主管暗示今年年底考核的高分名額有限，總共六個人中只有一人可以拿到四分或五分，其他人都為三分。但結果出來後，你私底下發現：只有你一個人領了三分，其他人不是四分就是五分。

好，現在三道題做完了，你的運氣總分是多少？

你獲得的分數越高，就越可能是一塊幸運磁鐵。假如你的分數偏低，也別擔心，因為看完下面的內容並付諸行動，你也可以逐步掌握把「厄運」變成「好運」的法則。

## 法則一：找到陰雲的金邊

如果你留意觀察，會發現夏天的天空經常會出現一種美景：鑲著金邊的陰雲。如果陰雲代表厄運，那麼這層淡淡的金邊則預示著每一個表面上的厄運，背後也都可能伴隨著好運。

為什麼這麼說呢？主要有三個原因。

第一，當你掌握該法則後，在面對隨機漫步的厄運時，有利於保持平常心，繼而獲得好運。最明顯的例子往往出現在投資市場之中，比如，我們經常會聽到「黑色星期一」「黑色星期四」的說法。每次在股市中聽到「黑色星期幾」就代表當天股市出現大幅度的下跌，而每當出現該類情況時，很多股民由於忍受不了下跌造成的虧損，常常會選擇割肉離場。

可是，每每在這種情況下，才剛完成交易，市場就彷彿在和你做對似的，股價瞬間就止跌反漲了。此時，因恐懼而慌忙選擇快刀斬亂麻的投資者，又總是為自己剛才的揮淚砍倉懊悔不已。

但「幸運」的高手則不同，他們在遇到這種隨機漫步的厄運時，從容鎮定，非但不會選擇離場，反而還會調撥資金少量買入。如此一來，高手們總是在實踐「別人恐懼我貪婪」的心法下，賺到了股價「均值回歸的好運」。

第二，很多時候，不是因為厄運才會遇到「壞事」，而是因為好運，才有機會從更大的「壞事」中逃離。

在測試題中，如果你年度體檢時，檢查出膽囊息肉、肝血管瘤、甲狀腺結節、肺部結節，這會令你開始擔心自己的身體是否出了狀況，甚至非常焦慮。

但正是因為在病灶還輕微的時候發現了它們，反而給了你足夠的動機在生活習慣上做出改變，比如，戒掉熬夜、吸煙、酗酒、重口味飲食的習慣，防微杜漸，從而在源頭上扭轉身體進一步惡化的趨勢。你說，這是不是實實在在的好運呢？

第三，所謂「厄運」，也很可能只是「對比效應」（Contrast Effect）造成的認知偏差。

什麼是「對比效應」？它是在認知心理學當中，人們會由於先後受到不同刺激，繼而產生完全不同感受的現象。比如，你同時把左手放進冰水，右手放進熱水，十五秒後，再一起將雙手浸入溫水。此時，你左手的感覺是熱的，而右手的感覺則是冷的。同樣的，當你加薪一千元時，發現很多公司不僅沒有加薪，反而由於行業不景氣而降薪，此時，你就不會覺得自己倒霉，而是慶幸自己幸運了。

## 法則二：等待運氣自動逆轉

小時候，我有一段經歷記憶猶新。當時，我和另外兩個朋友一起去上海復興公園玩，沒想到遇上兩個比我們大幾歲的不良少年。這兩個不良少年強迫我們從一塊石頭跳到另一塊距離較遠的石頭上，如果做不到，就必須向他們跪地求饒。

我們從來沒有遇到過這種情形，於是立刻拔腿就跑。可是，小時候的我缺乏鍛鍊，沒跑出多遠就跑不動了。眼看兩個不良少年追來，我只能停下腳步，撐著膝蓋大口喘氣。他們看我弱小，於是其中一個停下來對我嚴厲喝道：「你給我乖乖在這裡等，我先去追他們，回頭再找你算賬！」

可是，我在原地等待了五分鐘，不良少年還沒回來。突然，我恍然大悟：「我為什麼要等他們回來『收拾我』呢？」於是，我立刻選擇離開原地，走出公園，找到十字路口的交通警察尋求幫助。

你看，從體力上來說，我是最弱的，很快就被不良少年追上了；而另外兩個朋友「跑得超快」。顯然，我是最「倒霉」的。但運氣好壞並非固定不變，在時間的醞釀下，也許會自動逆轉。起初明明是「厄運」，最後，反而變成了「好運」。

《幸運的配方：人不是生而幸運，人創造幸運》（*The luck factor : change your luck-and change your life*）的作者李察．韋斯曼，描述過一段比我更傳奇的經歷。他曾受邀參加魔術表演，但在速食店吃飯時，不小心把魔術道具箱忘在那了。回去找的時候，道具箱這種有趣的東西早就不見了蹤影。離表演沒剩幾天了，這些道具又都是很難短期內重新購買或重新製造出來的。你說，這是不是很「倒霉」呢？

可是，正是在這種壓力下，韋斯曼被逼出了潛能：他在當地買了一些諸如撲克牌等普通道具，研究到凌晨，硬是設計出了多個全新的魔術。由於這些魔術十分新穎，他憑藉它們在那次魔術演出中奪得了最佳原創獎。事後，他承認，沒有那次魔術箱遺失事件，他完全沒有動力研發出嶄新且精彩的魔術節目。

現在，再讓我們來看看「加入一個新部門，部門主管是個控制狂」這件事。跳入了這個「火坑」，到底倒霉不倒霉呢？這也是曾經發生在我職場生涯中的真實事件。雖然天天「被批」的感覺很不開心，卻讓我養成了良好的品質控制習慣：我會要求自己在交出工作成果之前反覆檢查，盡自己所能交出能提升自己個人品牌的工作結果。

所以你看，眼下是「厄運」的事件，只要給它足夠的時間發展，「厄運」可能就會自動逆轉，變成「好運」。

## 法則三：採取措施迎接好運

還記得第三道測試題嗎？就是部門年底考核，只有你一個人得了三分，其他人都是四到五分。

是的，這又是一件曾經在我身上發生的真實事件。我相信任何一個人在受到類似不公平待遇的時候，短時間內一定會感到委屈和痛苦。

後來，我看到作家王小波曾經說過的一句話：「人的一切痛苦，本質上都是對自己無能的憤怒。」這句話瞬間讓我醍醐灌頂，我一下子感到被「打通」了，為什麼我不採取措施，提升自己的本領，迎接好運呢？

是的，在接下來一段日子裡，我開始透過發掘自己寫書的能力，開拓了自己的副業收入，增加了自己的自我複雜性；透過攻讀ＭＢＡ，拓寬了自己的人脈圈；透過在市場上尋找機會，進入了網路產業；透過開啟自己投資上的認知，獲得了一〇％年化報酬率的能力。

持續不斷採取這些措施後，哪怕今天我突然失去了主業，副業與投資的收益也足以養活一家人，只是每個月再投入財富管理的資金會變得少一點而已。

可以說，正是當年「三分」事件的厄運，促使我積極主動地採取措施，從而開啟了長達近十年的好運，並且到今天為止仍舊不斷延續。

同樣的，我年輕的時候，也曾在股票投資中吃過苦頭。當時覺得這鐵定是「厄運」，甚至懷疑自己沒有投資理財的天賦。但恰恰是因為這些痛苦，讓我有足夠的個人經驗，在閱讀華爾街大師們的經典著作時能讀懂、讀通。此時，再回到投資上，才能真正理解華爾街大佬們為什麼要這麼做，知道怎樣才能克服人性中的「貪婪和恐懼」，以及如何用慢思考來投資，並獲得長期穩定的財富增長。

更幸運的是，由於年輕時的本金很少，所以我用來「交學費」的金額也不多，隨著認知的提升和有效做到知行合一，很快就把以前虧損的部分賺了回來。

最後，我想對你說的是，幸運的人並不是天生就有化「厄運」為「好運」的能力，但逆轉運氣這個能力，完全可以透過學習與實踐法則來獲得。希望你也能早日內化這些法則，從而在遇到任何「厄運」的時候都能逢凶化吉，成為好運附身版本的自己。

## 第四節　運氣的科學

### 從期待好運到掌控好運

人類的發展史其實也是一部人類與運氣鬥爭的歷史。

比如天花，它是一種非常危險的疾病，致死率可以超過三〇%，個人能否戰勝天花，需要依靠運氣。但今天，天花這種病毒已經透過接種牛痘疫苗消滅了。「談天花色變」已經成為歷史。

還有女性生產，曾經也被認為是在鬼門關走上一遭，同樣需要依靠運氣，但現代醫學標準的剖腹產手術，已經成為挽救難產孕婦和胎兒生命的有效手段。

所以運氣，可以依靠科學方法有效的提升。同樣的，個人想要提升運氣，也可以用科學步驟從期待好運到逐步掌控好運。

## 步驟一：把未知變成已知

我的父親在二〇〇六年查出肝臟處有一個大約兩公厘的腫瘤，確診為惡性。當時他有三個選擇。

選擇一：中醫保守療法，長期與腫瘤共存。

選擇二：手術治療，切除病灶。

選擇三：使用當時的創新醫療手段，微創射頻療法，燒死癌細胞。

可惜當時的我才開始工作一年多，完全沒有今天的眼界與格局。而毫無勝率、賠率、下注比例概念的父親選了選擇三。

術後，癌細胞表面上「清除」了，但沒過多久，檢查後又發現了癌細胞轉移，出現了「門靜脈癌栓」。放射療法變成了沒有選擇的選擇，放射療法導致血小板減少，除了忍受病痛，我家每個星期還要支出一筆不菲的費用，來注射一種補充血小板的針劑……

二〇〇七年六月二十一日，父親再沒有任何可以選擇的治療手段了，昏迷一周後，就這樣過世了。

今天，回過頭來檢討，如果一開始進行三種選擇的時候，能從各種管道瞭解更多的資訊，把更多的未知變成已知，或許可能會出現完全不一樣的平行宇宙。

第一，把「所有方案」變成已知。《金字塔原理》中有一個「MECE」（Mutually Exclusive, Collectively Exhaustive）原則，意思是說，當面臨重要議題時，要把所有的可能方案做到「相互獨立，完全窮盡」。比如，在治療方案的選擇中，除了這三個選擇，還有沒有其他的選擇？如果自己思考不出更多更周全的選擇方向，是否能請教領域內的專家，也就是「外部大腦」，設法找到更多可行方案？

第二，把「基礎機率」變成已知。在一切已知的選擇中，哪種選擇的「五年存活率」是更高的？在醫學領域的論文中，任何一種重病治療方案都會統計「五年存活率」，這是一種比較各種治療方法優缺點的指標，能非常直觀清晰地看到各類方案的優劣。當時父親的病灶只有兩公厘，離晚期還很遠，可以選擇的方案有很多，完全沒有必要選擇還在實驗階段的創新方案。

第三，把「後續選擇權」變成已知。所謂的後續選擇權，是指當你選擇了該選項後，後面的選項是越來越多還是越來越少。《人生算法》的作者喻穎正曾經提出一個比喻，如果你在人潮洶湧的大街上被人用刀抵住後背，對方脅迫你走進小巷，你該不該就範呢？他的答案是：不該。因為當你跟歹徒走進小巷後，由於周圍沒有路人，歹徒必然更加肆無忌憚。換言之，你的選擇會變得越來越少。反而在人多的大街上，你跟歹徒周旋時有更多的選擇。

所以，當面臨重大選擇，尤其是面臨關乎性命的選擇時，盡力把所有的未知變成已知，是你從期待好運到逐步掌控好運的第一個方法。

## 步驟二：選擇去做有必要的事情

什麼是「有必要」的事情？在我看來，必要性就只有一個標準，即如果某件事情一旦達成，可以解決你絕大多數的問題，那這件事情就具備必要性。

那到底什麼事情具有必要性呢？

是在職場遇到瓶頸的時候，去考一個PMP（Project Management Professional，專案管理專業人員認證）證書嗎？

是在明爭暗鬥的工作環境中，盡可能地討好主管、每天朝五晚九、訓練表演能力嗎？

是在甲方壓榨自己的時候，忍著胃痛，捨不得請假，不顧身體也要熬下去嗎？

不是的，在我看來，只要你實現了財務自由（被動收入大於主動收入），以上事情就都不是事。換言之，你就擁有了不想幹什麼的時候就不幹什麼的把握。是的，財務自由就是一件一旦達成，就可以解決絕大多數問題的事情。但你可能馬上會說：「『被動收入大於主動收入』是每個人的理想，這件事情我知道，但它太難實現了。」

但我想說的是，關鍵並不在於這件事情難不難，而是在於你每天花多少時間在有利於創造被動收入這件事情上。目前已知的被動收入有：資產配置、房屋出租、版權收入、股份分紅等。當你在做選擇的時候，當你在做時間、精力分配的時候，你的優先順位是為了當下的痛快（比如，看短影音、看網路小說），還是為了實現有必要的事情？

十年前，我對資產配置一無所知；七年前，我才和愛人貸款買下位於上海的房子，出租給別人；五年前，我才開始敲打鍵盤，絞盡腦汁地寫第一本書的第一章；今年，我才剛剛加入一家深耕特定市場的企業，以公司利潤分紅作為我的部分薪資。

必要性，不在於你現在已經做到了什麼程度，而在於它是否可以解決你大多數的問題。

另外，除了財務自由，溝通能力也是另一項具有「必要性」的能力。我曾看過許多人由於缺乏溝通能力，總是在各類溝通中產生精神內耗，不僅浪費了自己的精力，還損耗了下屬的情緒價值。如果你希望在溝通能力上獲得長足的精進，可以閱讀更多溝通方面的書籍，學習技巧，幫助自己成為一個會溝通的「高手」。

## 步驟三：使用策略，努力做到知行合一

找到了有必要的事情，接下來只要去做不就可以了嗎？

可是，真的那麼簡單嗎？

「聽過很多道理，卻過不好這一生。」我們明明知道運動有益身體健康，但很多人就是做不

到。我們明明也知道讀書可以提升認知，尤其閱讀華爾街大師寫的經典書籍可以提升投資的勝率，但人們總是買了一堆書後，連塑膠封膜都沒拆，就這樣一直擱在自己的書架上。

可見，「知行合一」不是一件簡單的事情。那到底要怎麼辦才能努力做到「知行合一」呢？

**第一，一次只設定一個行動目標。**

每個人的精力和時間有限，所以千萬不要好高騖遠，在同一時間區段內替自己設定過多的行動目標。曾國藩曾經說過：「既往不戀，當下不雜，未來不迎。」如果你正在完成某個目標，但心裡還想著另一個目標，就很難集中注意力。而且當你設定的多個目標只完成了一個，甚至連一個都沒完成時，你對自己的評價就會下降，這種自我效能感的降低，可能會導致你越來越沒有信心完成行動目標。

**第二，如果發現目標達不到，請立刻降低目標需求。**

請想像有一輛滿載貨物的大卡車。啟動時，它需要極大的動力克服最大靜摩擦力才能前進。同理，當你的目標太大，目標卡車就特別沉重，而我們的意志力有時不足以克服最大靜摩擦力來推動它，放棄往往是難以避免的選擇。然而，當我們降低目標需求，觸發行動的力量就會減小，行動一旦開始，大腦帶來的阻力就小得多了，繼續該行動才會變得簡單。

**第三，固定時間、固定地點做固定的事情。**

我每天早上五點起床後會在陽台的書桌上，用Surface平板電腦寫作；在地鐵上聽書、輸入；在路上看到美好的景色時拍照；午休的時候看半小時電子書。當你在固定時間、地點做固定的事情後，這個時間、地點就成了你製造出來的「場」。在這個「場」中，你會不太容易受到其他事物的誘惑，去做跟這件事情不太相關的事情。

所以，當你決定實踐行動目標的時候，你可以一次次地在固定時間、地點做固定的事情，用一次次的行動去創造和鞏固你的「場」。

**第四，找一群人一起實踐。**

一個人走得快，一群人走得遠。當你替自己設定好行動目標後，可以跟那些有相同目標的朋友約好組一個群，每個星期透過接龍打卡的方式公佈自己的行動完成情況。這樣一來既能互相提醒，同時也能見證自己做到了「知行合一」。

## 第五節　運氣的運氣

### 如何提升層次，改變運氣

假設你參加了一場大獎賽，要跟一個現場觀眾合作。你的任務是把五十顆黑球和五十顆白球裝進兩個一模一樣的罐子裡，稍後再請這位觀眾挑選其中的一個罐子伸手進去摸球。如果該觀眾摸到的小球顏色為白色，那麼你和該觀眾都可以獲得一萬元的獎勵。

好，問題來了，在無法跟合作觀眾交流的情況下，你到底要怎麼做，才能盡可能地讓他摸到白球呢？

你可能會覺得，這場摸球遊戲顯然屬於「隨機漫步的運氣」，隨機漫步的運氣無法改變，但我們可以藉由改變「運氣的運氣」試圖改變結果。

什麼是「運氣的運氣」？它是透過上升一個層次，用改變勝率的手段來實現改運的方法。

具體做法並不複雜，你可以先將一顆白球放進其中一個罐子，然後再把剩下五十顆黑球和四十九顆白球放進剩下那個罐子。

這樣一來，合作觀眾將有五〇％的機率去選擇只有一顆白球的罐子，那麼他摸到白球的機率就是一〇〇%；同時，他也有五〇%的機率選擇裝有五〇顆黑球和四十九顆白球的罐子，那麼他摸到白球的機率也能有四九．四九%。這樣一來，最終摸到白球的機率就變成了五〇%×一〇〇%＋五〇%×四九．四九%＝七四．七四五%。

你看，藉由提升獲獎的勝率，是否就能改變「運氣的運氣」了呢？

人的一生，總有一些關鍵選擇是改變「運氣的運氣」的選擇。這類選擇如果能夠把握好，將讓你比其他人擁有更高的勝率和好運，成為人生贏家。

## 選擇一：「大城市的罐子」

如果你在自己國家的首都出生，那麼恭喜你，因為你在城市的層次上就已經領先很多人了；但如果你身處小城鎮、鄉村，那請一定要趁年輕到大城市見見世面。大城市雖然生活成本高，但能讓一個人在三個方面提升整體勝率。

第一，眼界的勝率。由於大城市人口規模更大，所以無論是商業、科技還是文化藝術設施都必然比中小城鎮更加完善。全球頂尖的峰會如果來中國策展，一般會挑選人口密度較大的城市。

因此，在大城市，無論你對哪個特定領域感興趣、想要深耕發展，哪怕該領域是非常小的領域，都可以受益於大城市的群聚效應而輕易找到它們，並獲得近距離觀察和理解它們的機會，甚至還能跟該領域的專業人士交換聯繫方式，從他們身上持續獲得高濃度資訊。

第二，人脈的勝率。我們可能聽說過：「一個人的收入是跟他關係最好的六個人的平均收入。」所以與精英為伍，你也可能蛻變為精英。與此同時，由於精英們大都會在大城市定居，所以前往大城市工作、生活也能令你獲得在精英身邊貼身學習的機會，從他們身上學到更優秀的習慣，在耳濡目染之中獲得扎實的本領。

相反，在中小城鎮，由於生活相對安逸，人類認知偏差中的從眾效應也會自然而然地放慢你自身學習、進步的節奏。一方面是成為更優秀的自己，另一方面是成為更安逸的自己。每個希望有策略地成為更好版本的人，心中早已有了答案。

第三，機會的勝率。為什麼大城市機會更多呢？因為機會來自發展，發展來自需求，而需求來自人口。比如，扭蛋和潮流玩具為什麼能風靡一時？因為在搭捷運通勤時有大量的人流，尤其在下班途中，人流中一定比例的潮流玩具愛好者一次又一次地看到扭蛋機，總有一次會停下腳步，投入硬幣，期待獲得一款特別版扭蛋。

類似的例子還有很多。正是因為大城市有大量的人口，所以每隔一段時間就會出現某種小型需求趨勢，給大城市裡願意抓住一些小商機的人一點機會。

## 選擇二：「多元學習的罐子」

你可能聽說過巴菲特有一位「靈魂伴侶」——查理．蒙格，這位老人提出了一個叫作「多元心智模型」的理論。蒙格提倡，一個人需要不斷學習許多學科的知識，從而形成一個複雜的心智模型框架。蒙格有一句名言：「在手裡只有錘子的人看來，世界上的東西全是釘子。」這句話的意思是說，當你只有一種思考工具的時候，你就只能使用該工具來行事。

比如，我們以前都聽過一個笑話：兩個農民在農耕休息時閒聊，幻想當上皇帝是什麼滋味。其中一個看了看自己的破鋤頭說：「皇帝鋤地應該是用金鋤頭吧。」雖然笑話有誇張的成分，但一定程度上展現出單一思考方式會讓人畫地自限的概念。

所以，只有一種思考模型，一個人能發揮的作用就相對有限，而多個思考模型疊加起來，就很有可能會出現巨大的效能。

舉個例子。治療癌症的射線會傷害正常的細胞，可是如果射線的強度不足以殺死癌細胞，那就沒有效果，但如果射線強度太大，雖然癌細胞清除了，正常細胞也會受到損害。

這個問題困擾了醫療界很多年，直到有一個具備消防員思維的醫生解決了這個問題。

在消防員的常規操作中，如果有一棟建築著火了，消防員們會在多個角度用消防龍頭同時將水射向建築物，這種做法給了醫生啟發：如果從身體的各個角度發射強度並不大的射線，但最終聚焦在癌症病灶處，是否就能在既不傷害正常細胞的情況下，又能有效清除癌細胞呢？以上知識就是伽馬刀（Gamma Knife）的原理。

不只是醫療，當一個人腦海中沉澱的心智模型越多，這個人解決問題的能力也就越強。想要累積更多的心智模型，就需要把時間分配在學習這些多元能力上。

實際上要怎麼做呢？方法就是我們之前講過的「三十二公里法則」，為自己安排固定的時間，每周學習固定的數量。不用多也不能少，假以時日，再厚的書也能被你啃完，再難的技巧也能藉由「穩紮穩打，腳踏實地」的方法實踐且不斷內化。當你掌握了一個又一個領域的心智模型，就能夠在具體的情境和困境中調用這些心智模型，在應對眼前的挑戰時，擁有更高的勝率。

## 選擇三：「資產配置的罐子」

當我們工作一段時間，有了一定的儲蓄後，我們總想依靠投資，讓錢生錢，賺取「睡後收入」。一部分人選擇炒股票，結果被證券市場「七成虧損二成打平一成獲利」（股民中七〇％虧損，二〇％不賺不賠，僅一〇％賺錢）的鐵律狠狠地上了一課；另一部分人選擇保守理財，大部分的錢都拿去定存，每年只有三．四％左右的年化報酬率。

什麼是資產配置？它是根據你的投資需求將資金在低風險、低收益的證券與高風險、高收益的證券之間進行分配的一種方式。

最簡單的資產配置是「五〇％債券＋五〇％股票」的組合。因為在不考慮通貨膨脹的因素下，債券的年化報酬率大約為四％，而股票的長期（五年以上）年化報酬率大約為一〇％。

因此，當你對資產實施了「雙五〇」配置後，你的年化報酬率可以維持在七％左右的水準（四％×五〇％＋五〇％×一〇％＝七％）。

看到這裡，你可能會問，既然股票長期的年化報酬率能達到一〇％，為什麼我不把所有的錢都投入股票就好呢？

因為根據大量實例表明，股票雖然長期向上，但持有體驗很糟。通常在持有的過程中，虧損三〇％甚至五〇％都是家常便飯。這就在客觀上導致大量投資者由於忍受不了市場波動而普遍造成「高買低賣」的現象。若是透過持有五〇％的債券，則可以平抑至少一半的波動。

更何況在採用「雙五〇」配置法之後，每年做一次「股債再平衡」的操作，即規定在每年固定的某一天，賣出一部分佔比較大的債券（或股票），並將賣出債券的資金用來買入股票（或債券），使兩者重新達到各佔比五〇％的平衡，還能進一步提升年化報酬率。

比如，你原本有二十萬元用於投資，一半買了債券，一半買了股票。假設一年後，恰逢熊市，股票指數下跌了三〇％，此時股票部分就只剩下七萬元；債券部分享受了四％年化收益，變成了十・四萬元。十七・四萬元的五〇%是八・七萬元，你賣出一・七萬元債券拿來購買股票，完成了一次再平衡。

又過了一年，當股票指數再次漲回了原點。對只買股票的投資者來說，似乎是漲了個寂寞。但此時，你債券部分的資產為8.7×（1+4%）=9.048萬元，股票部分則為8.7×（1+42.9%）=12.4323萬元，總共21.4803萬元。為什麼是42.9%呢?因為1×（1−30%）×（1+42.9%）≈1，這才是漲回原點需要的漲幅。

你看，藉由年度再平衡的認知與執行，別人兩年漲了個寂寞，你卻又多了三・六三%的額外收益〔20×（1+3.63%）2≈21.4803〕。

資產配置是一個改變「運氣的運氣」的有趣話題，你可以在我另一本書《熵減法則》中學習到關於資產配置的內容。

# 第六章
# 現實中的選擇

# 第一節　幸福

## 普通人如何能夠更幸福

我們每個人都在追求成為更幸福版本的自己，但人們實際追求的目標可能又並非「幸福」本身。這就是為什麼很多人感嘆：如今的物質生活並不匱乏，為什麼依舊體驗不到太多的幸福感？可是，為什麼會這樣啊？這就和很多人把「快感、快樂與幸福」混為一談有關。

### 快感、快樂與幸福

人類世界這三種能讓人產生愉悅的感覺特別容易被混淆，接下來我們將一個個來拆解，把它們講透。

先說快感。

快感是一種透過肉體刺激所產生的愉悅或舒服的感覺，快感所帶來的滿足感比較強烈，但與此同時，它的半衰期很短，沒過多久就消失不見了。

比如，炎炎夏日，你汗流浹背地進入一家冷氣十足的餐廳，接待的服務員為你端上一杯冰涼的可樂。此時，從你用力打開易拉罐鋁環，聽到汽水「刺」的一聲時，大腦就開始分泌出多巴胺；接著，當你把微甜冰涼的飲料倒進口腔，二氧化碳小氣泡刺激你舌頭上的味蕾時，一股久違的爽快就會噴湧而出。是的，這就是快感。

可是，就像我們說的，快感的半衰期特別短，它來得快去得也快。而且，當你喝下第二口、第三口冰涼可樂時，這種瞬時滿足感就會迅速遞減，直到第N口時，快感就趨於平靜了。

再來說說快樂。

如果說快感主要源自於外物對人類肉體的刺激，那麼快樂則可能更偏向於心理層面的反應。比如，年底時你拿到了高績效，或者拿到了一筆豐厚的獎金。獎金本身不會為你帶來生理上的直接刺激，但它在精神層面能讓你產生快樂。

又如，我們為什麼喜歡玩遊戲，遊戲無法帶來生理上的直接刺激，但在遊戲中，當你殺掉了某個特別厲害的角色，擁有了一件夢寐以求的稀有裝備，此時這種即時又隨機的回饋能讓你的大腦分泌大量多巴胺。於是，為了進一步獲得這種滿足感，你有可能會繼續把時間投入在一輪又一輪的遊戲中。

同樣，快樂的半衰期雖然大於快感，但總體持續時間並不長。你一定有過這樣的體會：我們在網路上購物，買下一件中意的商品後，通常會滿懷期待，尤其是收到快遞、打開包裹前，這件商品給予我們的快樂就達到了峰值。而當我們擁有它不到一周，這種快樂感就會逐漸減少，直至歸零。此時，喜愛購物的人就會把注意力放在下一件值得期待的商品上。

那什麼是幸福呢？

比起快感與快樂，幸福是更持久的愉悅感受。積極心理學之父、美國心理學會主席、《真實的快樂》（*Authentic Happiness*）作者馬丁・塞利格曼（Martin Seligman）認為，幸福的本質通常具有五個元素，包括**積極情緒**、**投入感**、**良好的人際關係**、**做的事情有意義**以及**成就感**。

由於這五個來自精神層面的元素都是可持續的，因此，幸福的半衰期也會比快感、快樂更長久。

## 獲得幸福的方法

既然釐清了影響一個人幸福感受的五個元素，那麼想要去獲得它們就變得沒有那麼困難了。

第一，用感恩和寬恕讓自己保持正念。

生活中總有很多煩心事，這些讓人不快的記憶蠶食著一個人的積極情緒。你可能在很多地方都聽到過感恩和寬恕的力量，也知道為什麼感恩和寬恕能帶給人積極能量，但很少有人告訴你感恩和寬恕也是一門技術，它有標準的步驟可循，包括回憶、移情、感恩三部分。

**回憶**。用盡可能客觀的方式回憶某段傷痛。比如，我在之前的章節中提過，我曾經經歷過一次開會宣稱年終績效只有一個人會是「四到五分」，其他人都是「三分」，結果別人都是四到五分，只有我一個人被打了三分的事情，這件事情不是什麼大事，但在當時讓我留下了很深刻的記憶。

**移情**。從主管的觀點來看，為什麼他唯獨幫我打了三分，卻仍舊要在開會時用另一種說法先鋪陳呢？設想主管要怎麼解釋他這項行為。透過移情，我認為主管可能是想：「如果我先給大家一個低的期待，屆時再給一個相對更好的結果，那麼大多數人都會覺得滿意。」

**感恩**。客觀地說，我並不是被針對，很可能只是「高績效名額」不夠用，以及當時我在他心中的地位排在相對後段的結果。更何況藉由這件事，讓我認清了自己在團隊中的地位，並且給了我足夠的動力到外部尋找機會。這是一次很好的契機，讓我成功跨界進入網路產業，獲得了完全不一樣的認知。所以在這一點上，我反而應該感謝他。

著名的漢隆剃刀理論（**Hanlon's razor**）認為：寧可相信一個人智慧不夠用，也不要假定別人心存惡意。當你透過回憶、移情和感恩重新釐清一件對你造成傷害的事情後，你的心中也更容易激發正念，讓你從此轉換視角，擁有積極的情緒。

第二，找到能讓自己有熱情、有投入感的事。

已故的「經營之聖」稻盛和夫曾經有一個著名的公式：人生與工作結果＝熱情×能力×思維方式。撇開能力與思維方式不談，你對一件事情的熱情，即投入感，是決定人生與工作結果非常重要的因素。那到底要怎樣才能找到能讓自己有熱情、有投入感的事情呢？

最簡單的方法是為自己設定一個假設：假設你現在已經不用擔心錢的問題了，每天都有很多空閒時間，那麼接下來你會選擇去做一份怎麼樣的工作呢？有些人可能對畫漫畫有興趣，有些人一直想成為影評人，還有些人對能拍攝出好的照片有執念。我曾經認識一位頂尖內容產業公司的副總裁，他有一次坦言，退休後想當一名足球評論員。

這件事情未必會產生多少經濟利益，但如果你找到一件讓自己充滿熱情的事，每天抽出「時間預算」花費在這件能讓你有投入感的事情上，就像稻盛和夫說的那樣：「只要心底熱愛，人生就會朝著光明的方向轉變。」

第三，與人為善。

很多人的不幸福在於總是希望改變別人，於是就容易產生權力爭奪。每當「權力的遊戲」上線時，就很容易喚醒人性之中的惡意，在日常的「金戈鐵馬」中不斷產生精神內耗。所以，唯有盡力設法使用策略與人為善，我們才能在工作與生活中既能讓事情推進，又能避免在人際的摩擦裡消耗自己。

要想做到與人為善，有三個具體的方向：第一，改變自己。藉由改變自己的信念系統（BVR），即信念（Beliefs）、價值觀（Values）和規則（Rules），讓自己更容易接受別人。第二，透過一些實際的準備，比如，事先準備好三個你都能接受的方案，最後讓對方從中選擇其一，把掌控感留給對方。第三，為自己準備好備選方案，比如，對一個無論如何你都沒辦法跟他好好相處的主管，你在做了各種努力後依舊不見成效，那麼為了讓自己保持幸福，選擇體面地離開她，也是一種理性的選擇。

第四，為所做之事賦予意義。

德國社會學家馬克斯．韋伯（Max Weber）曾說：「人是懸掛在自己編織的意義之網上的動物。」所以，一旦你正在做的事情被賦予了意義，那麼這件事情做起來就會讓人感到幸福。

正如蘋果公司創始人賈伯斯邀請時任百事可樂總裁約翰．史考利（John Sculley）時說的那句話：「你是想一輩子賣糖水，還是希望和我一起改變世界？」正是因為這份意義感，讓史考利毅然決然加入蘋果公司，跟賈伯斯共事。

我也一樣，寫完五十本書的這份意義感，激勵我每天早上五點準時起床寫作，無論嚴寒酷暑，都堅持到底。所以，如果你還沒為自己所做之事找到意義，請盡快找到它。

第五，找到自己的優勢，並用正回饋讓自己持續獲得成就感。

每個人都有自己的優勢，每個人都會在某些特定的事情上做得比別人更好。比如，我曾經有一位下屬，他當時的職務是生產線主管，管理著大約四十位生產女工。他對生產線的相關知識十分薄弱，但擅長程式編寫，以及為生產組長製作簡單好用的自動化報表。

當我們很多人都開始使用這位同事撰寫的自動化報表後，這種正回饋讓他獲得了持續的成就感。第二年，他就在這條路上啟程了，後來成功轉職成為CIM（城市資訊模型）工程師，並且還利用業餘時間構建了一個失物招領APP，走上了一條副業創業之路。

你看，每個人都有自己的優勢，這項優勢一開始可能未必顯著。但當你在這個優勢的方向上樂此不疲地投入心力、腦力、體力，你不僅可能在技能上獲得長足發展，而且還能在此過程中獲得滿滿的幸福，並在這條路徑上越走越遠，逐漸成為更幸福版本的自己。

## 第二節 職場
### 快速升級打怪的選擇

很多人都會有這樣的困惑，他們在職場上已經很努力了，但努力過後卻看不到太多正回饋，隨之而來的則是焦慮。自己似乎被困在了一個迷局中，日復一日，不知道該如何突破。

如果你也有這方面的困惑，那麼本節提示的五個努力的方向，將可能成為你在職場上快速升級打怪的明智選擇。

### 選擇一：努力提升自己的成就欲

成就欲是一個人的內在動機，也是一個人得以拿到結果最重要的特質之一。

很多成功的大企業在招募中層以上幹部時，面試者首先會判斷這位候選人有多大的抱負，這不無道理。

我還記得我的一位主管，他在一次專案發起會議上說過下面這兩句話，深深地印在我腦海中的話：

「不要在專案結束時告訴我，這個專案沒做好，是因為資源太少。」

「而是要在專案開始時告訴所有人，要完成這項專案，就要給我這些資源。」

請注意，千萬不要小看上面這兩句話，正是秉持著這樣的成就理念，當時我作為專案負責人，在協調各部門資源時充滿了信心，甚至資源運用上出現衝突時，我也會充滿自信地告訴其他部門的主管：「因為該專案要完成一億元銷售額的目標，您手上這項資源是必不可少的。」

事後，同事私下告訴我說，當時我的眼睛是發亮的。也或許是這個微表情給了對方部門主管信心，在那次資源協調會議後，部門間的合作溝通就開始變得異常順暢。

是的，一個人的成就欲是他做出行動的強烈動機。讓他願意為了獲得想要的結果而努力，從而提高行動的積極性，離目標越來越近。

## 選擇二：努力提升自己的同理心

光有成就欲顯然是不夠的，或許你因為運氣，曾經用強大的自信打動過別人一兩次，但任何人都不可能在任何時候，僅僅用信心打動所有人。

所以，這個時候，第二項需要提升的特質就很關鍵，那就是同理心。

同理心這個詞你可能已經耳熟能詳了，但我想告訴你，看完很多宣揚同理心的內容後，時常無法實際讓你增加更多相關資訊，你只知道「同理心」有多重要，但仍舊無法實際運用。這就如同很多人說「心靈雞湯只給湯不給勺子」，只是知道，卻無法指導你做到。所以本節，我就來給你這把「勺子」。

我將這把勺子歸納成八個字：為誰創造什麼價值。

是的，就是這麼簡單。我舉個例子給你聽你就明白了。

比如，我的一個同事Alisa，她的升遷速度堪稱驚人，在她身上有一個同理心具體化的顯著特點，那就是在和其他部門同事溝通協調時，Alisa通常都會先問一句：「你們部門的KPI（關鍵績效指標）是什麼？」有些部門考核的關鍵指標是新增用戶，有些是每日活躍使用者數，還有一些則是公司實收款項。

這個時候，Alisa就會從對方的角度，和其他部門的同事一起制訂方案，而這個方案也必然會考慮到對方的利益訴求。

在這樣的思考框架下，對方從沒有利益的行為配合者轉變成為共享利益的行為合作者，在這種真正實現確實執行，達成雙贏的合作方式下，雙方自然都會投入更多注意力和精力，來促成關鍵行動能夠準時完成。

## 選擇三：努力累積影響力工具

你可能會說，能實現雙贏當然好，但有時候現實就是如此殘酷，部門和部門之間、同一個部門的個人和個人之間的博弈有時就是一場「零和遊戲」，這是公司大環境的結果，不是一個人或幾個人能改變的，這樣的話，該怎麼辦才好？

是的，這種情況的確是我們每周甚至每天都可能在職場中真實遇到的困境，所以在這種時候，你的腦袋裡存有足夠的影響力工具，就是你提升勝率的關鍵。

什麼是影響力工具呢？

簡單來說，影響力工具就是你影響別人的策略。

比如，你可能知道，在一些大企業中會存在一些官僚作風，我過去服務過的一家公司就是有些官僚作風的企業。

當時我剛到職不久，而我的一位女下屬為了買房子，需要辦理在職和薪資證明，但她不敢一個人去人事部門，因為人力資源部負責薪資的一位阿姨是出了名的「兇」。

清華大學寧向東教授曾經分享過一個公式：領導力＝追隨力＝業績。如果我不替這位女下屬出頭，就無法獲得追隨力，自然也不配擁有領導力。但由於當時我也剛到職不久，阿姨也不認識我，果不其然，我們當天就深刻領教了這位阿姨兇悍的態度，而那位涉世未深的下屬則是站在旁邊嚇得一句話都不敢說。

看到這種情況，我稍稍評估了一下自己的「影響力工具」後，就對阿姨笑著說：「上個月公司才剛發員工信，宣布了後勤部門的服務態度調整公告，如果沈總（人力資源部的老大）現在就站在旁邊，你還會用這種語氣和我們這樣說話嗎？」然後繼續保持微笑，就這麼安靜地看著她。

她看了我兩眼，欲言又止，然後開始在電腦上正常走流程，完成我們期待她執行的業務。

是的，我這句話成功讓她聯想到公司高層在場的情景，反過來逼她現在的行動需要和假設情境下的行為保持一致，暗示她如果不這麼做，可能會面臨更大的風險。

這個影響力工具叫作「依靠更強硬的第三方」。除此之外，更重要的是注重累積「依靠自己的影響力工具」。如果你平時會藉由閱讀或觀察別人如何成功影響他人來累積知識，你的「影響力工具庫」中也一定會存有不少「影響力工具」。它們會在關鍵時刻發揮作用，使你能時刻影響他人，時刻成為別人的依靠，與此同時，你也累積了追隨力（領導力）。

## 選擇四：努力累積心智模型

如果說影響力工具是術，能夠在一對一的情況下影響局部，讓形勢向我方發生部分好轉，那麼心智模型則是道，它能透過深度思考，幫助你找到實現業務突破的大方向，讓你在更大的全局中取得關鍵行動、關鍵項目更大範圍的勝利。

那麼，什麼又是心智模型呢？

梁寧老師說得好，心智模型就是思考問題的模式。比如，你以前可能聽過，開設實體店面的三個秘訣，就是地點、地點，和地點。這是為什麼呢？因為著名的銷售心智模型是這樣定義的：銷售額＝流量×轉化率×客單價×回購率。

所以，在過去實體店面銷售情境中，越是鬧區和市中心的店鋪租金就越貴，越是偏遠地區租金就越便宜，它的核心邏輯就是鬧區和市中心流量大，而偏遠地區流量小。

後來電商崛起了，實體商店就算還是有人流，但有些消費者看到實物心動後，往往會打開購物平台比價，然後轉而在線上下單，所以光有流量也活不下去。

再到近幾年，線上的流量也越來越貴，那麼還有哪裡可以作為突破口呢？這時候，再回頭看看銷售心智模型，發現裡面還有客單價和回購率這兩個因素可以嘗試找找有沒有突破點，於是就又出現了社交電商這種經常時不時推坑並讓你滿一九九元免運，讓你反覆購買的新興商業模式。

以上是銷售心智模型總結出來的模式，除此之外還有領導力模式（領導力＝追隨力＝定方向×整合資源×凝聚力×以身作則）、品牌模式（品牌＝瞭解＋信任＋偏好）、消費者信任模式（消費者信任＝瞭解＋認可＋共鳴）、職場價值模式（職場價值＝能力－溝通成本）等等。

你腦中的心智模型越多，做決策時就越有依據，決策正確率自然要比其他自創招法的人要高上不止一點兩點。因為後者就算正確，也可能是不斷重複同樣的招式。而你卻不僅用前人的思考幫你直擊問題本質，更是站在巨人的肩膀上繼續前行。

## 選擇五：努力提升自己的抗擊能力

抗擊能力指心理能量充沛，是你遇到瓶頸時，繼續保持情緒穩定、保持樂觀、持續行動的關鍵能力。

當你有了前四項特質後，就能大舉增加在職場中打贏大仗、小仗的勝率，但這不代表你必然能取得關鍵結果，贏得關鍵勝利。就像我們用一個章節討論過的，勝利很多時候還需要依靠運氣。

而在運氣來臨之前，抗擊能力（心理能量充沛與否）則是你再次組織前四種特質，繼續完成當前專案或者下個專案的門票。

例如，職場升遷是專案勝利者的獎勵。如果你擁有這第五項特質，而且你行動的速度又特別迅速，那麼恭喜你，因為這份獎勵，總有一天會落在你頭上。

# 第三節　財富

## 實現財務自由的選擇

財務自由的重要性自然不言而喻，但很多人僅僅把它當成一種概念，以至於很多人其實不清楚它意味著什麼，也因此不會真正有動力去研究和學習如何實現財務自由。

在我的認知中，財務自由不僅可以讓你擁有不想幹什麼的時候就不幹什麼的把握，而且還能讓你在想要去體驗不同人生的時候完全沒有後顧之憂。

### 財務自由之後的規劃

我就曾經規劃過，實現財務自由後會選擇先去瑞士生活一段時間。為什麼是瑞士？因為這個國家可以滿足不少普通人對美好生活的嚮往。

在瑞士，你可以只在一天的時間裡就感受到一年四季的變化。

早上，就如同春季，你可以穿梭在宛如童話般的建築物之間散步；中午，猶如夏天，遠處有不同顏色的牛低頭吃草；臨近傍晚的小路彷彿秋天，我結束了一天的寫作，從長椅起身回到住所；而遠處的阿爾卑斯山白雪覆蓋，就像冬天，太陽緩緩落下，宣告著一天的結束。

三個月後，如果厭倦了瑞士的生活，我們可以回到國內，回到更有平凡生活氣息的城市，以月為單位，在不同城市的民宿居住。同樣一邊寫作，一邊遍嘗美食、遍覽美景，在不同的地方乘興而來，盡興而返。

是的，這就是我理想中財務自由之後的規劃，生活中依然有工作（寫作），寫作的靈感也源自於生活。

但是我希望實現這樣的生活方式不要太晚。因為一旦年紀太大，身體可能就無法承受自己在異鄉體驗美好生活。因此，時間最好不要超過四十九歲。

這是我的規劃，不知道你是否心動？如果你也能在四十九歲之前實現財務自由，這樣的生活是不是很美好呢？當然，每個人的偏好未必一樣，不過你也可以選擇一種不用考慮金錢、心之嚮往的生活方式。

## 財務自由需要多少錢

很多人讀到這裡，會覺得理想很豐滿，現實卻很骨感。要實現這樣的生活可能要有極為深厚的家底才行。可是，事實真的是這樣嗎？

我在《熵減法則》中曾經說過，財務自由並不像普通人想像的那樣，需要幾千萬元甚至上億元才能實現，你只要估算好自己每個月的開銷，再搭配一〇%的年化報酬率，就能穩當地實現不同層次的財務自由。

比如，對我來說，如果要實現我前面描述的生活方式，只需要實現財務自由的第三層，就能達成財務獨立的目標了。

財務獨立需要多少錢呢？答案是：人民幣五百一十五萬元（編按：二〇二五年七月，人民幣對台幣匯率約為一比四．一，因此約為新台幣兩千一百萬元）。

五百一十五萬元是怎麼來的呢？因為如果按國際通貨膨脹警戒線三%來計算，同時假設長期能做到平均每年一〇%左右的報酬率。那麼515×（10%－3%）≈36萬（每年的被動收入），即每個月有三萬元（這是以二〇二二年中國人民幣的購買力來評估）可用於消費。

只要生活不奢靡，享受平凡的幸福，這樣的財務獨立水準，就足以讓一個家庭過著還算不錯的生活了。

而且，如果你想要提早退休，也可以選擇財務自由的第二層，即財務活力（每個月有一萬元可用於消費），同樣可以滿足你在中國中小型城市生活品質並不低的生活。

按照相同的算法，財務活力對於資產的要求比財務獨立低不少，只需要有一百七十二萬元（172×7%≈12萬）的存款即可達標。

好了，讀到這裡，你一定想問兩個問題：

第一，如何擁有一百七十二萬元，甚至是五百一十五萬元的存款？

第二，怎麼樣才能做到長期一〇%的平均年化報酬率？

第一個問題，除非你已經是個成功的創業者，可能可以從創業的過程中賺到自己的第一桶金。否則，你只能和我一樣，在職場與副業中設法緩慢地累積財富。

第二個問題，這就是接下來我要和你詳細討論的內容。

在跟你詳細介紹具體的方法之前，我想先和你分享三組曾經給予我強烈信心的數據。

第一組數據：一八〇二至二〇〇二年，共計兩百年的美國四類資產年化報酬率。

黃金年化報酬率：二・一%；

短期國債年化報酬率：四・二%；

長期國債年化報酬率：五・二%；

股票年化報酬率：八．一%。

這些數據表明，雖然股票類資產短期存在巨大波動，但如果拉長時間週期，它長期是向上的，而且獲利狀況也是四類資產中最高的。

第二組數據：滬深三百指數（追蹤目標為上海證券交易所和深圳證券交易所市值最大、流動性最好的三百家公司股票）和中證五百指數（從滬深兩個交易所剔除市值前三百大的公司後，按市值排序選出第三百零一到八百名的五百家公司股票。）長期年化報酬率。

從二○○四年到二○二○年，滬深三百指數年化報酬率為一○．八七%。同期，中證五百指數年化報酬率為一二．二六%。

以上數據表明，股票指數長期向上並非美國股市獨有的特質，在發展迅速的中國，同樣可以獲得更高的年化報酬率。

第三組數據：滬深三百指數與中證五百指數的年化報酬率。

從二○一五年七月（股票指數高點）到二○二○年年末，滬深三百指數定期定額投資（每月購買相同金額的股票），年化報酬率為九．六%。同期，中證五百指數定期定額投資年化報酬率為一．九%。

從二○一八年年末（股票指數低點）到二○二○年年末，滬深三百指數定期定額投資年化報酬率為一四．二％。同期，中證五百指數定期定額投資年化報酬率為九．三％。

以上數據表明，在時間較短的區間內，配置股票類資產可以有效提升年化報酬率。

看完了這三組數據，我們不難得出以下結論：

第一，只要相信所在當地市場的發展，並且在股市中待上夠長的時間，我們必然可以享受所在當地市場繁榮富強帶來的年化收益。

第二，只要我們有一定的眼光，能看清楚何時是股票指數的高點，何時又是股票指數的低點，我們就能在享受長期向上的過程中，額外享受到因「擇時」帶來的紅利。

好了，下一個關鍵問題又來了。

如何準確做到「擇時」？

## 兩個有效的擇時方法

方法一：雞尾酒會理論。

這是一種從大勢上預估股票被高估還是被低估的方法，提出者是傳奇基金經理人彼得．林區（Peter Lynch），他在掌管麥哲倫基金（Magellan Fund）的十三年期間，年化報酬率高達二九％，比巴菲特老爺子還高出九%，傳奇人物這個名號當之無愧。

林奇的雞尾酒會理論分為四個階段：

階段一：絕對低估。

實際情況是這樣的。在一場雞尾酒會中，大家都知道你是投資專家，同時酒會裡還有一位牙醫。別人都躲著你，不願和你說話，他們都圍著牙醫轉。這時你就能判斷目前股市是絕對低估了，因為人們寧願諮詢牙齒相關疾病也不願意談論股票時，說明股市已經探底，不會有更大的下跌空間。以日常生活為例，辦公室裡大家都知道你喜歡投資，中午午休時或者下班路上，如果同事們不想聽你說股票、基金的事，這顯然就是階段一的絕對低估期。

階段二：比較低估。

在這個階段，雞尾酒會裡的人可能會和你抱怨一下最近的股票很差，不過只是簡單聊上幾句就跑去找牙醫了。這個情況說明了整體市場雖然處於比較低估期，但轉折點很可能就快來了。所以，如果現在抄底買入，有可能會獲得比較好的績效。同樣的，以辦公室情境為例，同事們會主動找你聊幾句有關股票、基金的話題，但淺嘗輒止，這也預示著階段二的到來。

階段三：相對高估。

在相對高估期，酒會裡的人們會虛心向投資專家請教，請專家推薦投資標的。此時，牙醫已經不吃香，而投資專家顯然成了雞尾酒會上眾星拱月的焦點人物。午休時或者下班路上，同事們紛紛希望你指導、評論自己買的股票、基金，基本上你就能判斷出，此時已經進入了階段三。

階段四：絕對高估。

在絕對高估期，由於大家都有很不錯的超額報酬，所以雞尾酒會裡，連一般人都開始推薦股票給投資專家，人人都開始指點江山。這種現象一出現，說明市場已經進入危險期，很可能再過幾個星期就會迎來到達高點後的大跌。辦公室裡，連平時投資上最保守的同事都買起了股票、基金，人人都忍不住告訴你自己買的投資標的有多好，賺了百分之多少。此時，你一定知道該怎麼做了吧。

一九二九年的時候，石油大亨洛克菲勒就遇到過類似的狀況。當時，街道上有專門為路人擦鞋的小孩。這個孩子一邊替洛克菲勒擦鞋，一邊向他推薦股票。洛克菲勒背後流下了一滴冷汗，立刻把所有股票清倉，就這樣躲過了幾個月後的股市崩盤和美國歷史上最可怕的股災。

方法二：歷史百分位。

在行動網路與大數據時代十分發達的今天，除了從周遭人群的情緒來判斷高估還是低估，我們還能借助網路與大數據技術，從歷史百分位的角度來評估股票指數的高低。

如果滬深三百或中證五百指數位於歷史百分位七〇％以上的位置，雖然後續可能還會有一波上漲，但顯然是高估了，此時，就可以分批賣出股指類權益，換成債券類收益。倘若這兩個指數位於歷史百分位三〇％以下的位置，儘管未來一段時間內依舊可能下跌，但此時分批將債券類權益或現金換成股指類權益，則是非常明智的選擇。

關於股指類歷史百分位的數據在各大金融類APP上或很多知名財經媒體上都會有，只需稍加搜索，就能很快地找到它們。

# 第四節 健康

## 長壽目標的選擇

當我們實現了一定程度的財務自由時，影響我們成為更佳版本自己的一個重要因素就是健康。

曾經有一種說法，說出了很多人普遍都有的一個現象：上半輩子用命換錢，下半輩子用錢換命。所以，千萬別因為用力過猛或者由於不良習慣而導致自身健康受損，也不要因為自己缺乏認知或持有錯誤認知，導致自己的健康情況無法挽回才後悔莫及。

因此，如果你能在讀完本節內容後真的實踐，那麼你活得更久的勝率將可能獲得顯著提升，你在年紀更長的時候，也更可能獲得身體自由。

## 避免掉入身體糟糕的平行宇宙

巴菲特的合夥人查理．蒙格曾說：「如果我知道自己將來可能死在哪裡，我將永遠不會前往。」這其實就是一種「事前驗屍」的概念，即在壞事發生前，藉由問自己幾個問題來發現問題，從而採取措施，防患於未然。

比如，你可以這樣問：如果我將來身體狀況惡化，可能會來自哪些疾病呢？透過這個問題，你可以很輕鬆就在網路上查到相關資訊，人類健康有兩大殺手，分別是心腦血管疾病和癌症。

好，接下來第二個問題來了。誘發這兩大疾病的原因有哪些？如果要避免兩大疾病在未來某些平行宇宙中發生，那現在我需要採取什麼樣的行動呢？

於是，你的思路將開始進入阻斷糟糕事情發生的軌道，通過倒推的方式，進行一系列把活到一百歲作為目標的選擇。

## 避免落入心腦血管疾病的平行宇宙

心腦血管疾病為什麼是頭號殺手？這其實和人類的基因有關。兩百五十萬年前，原始人以捕獵、採摘為生，經常過著餓一頓、飽一頓的生活。這些原始人中，有些人的基因發生了突變，他們更喜歡高脂肪、高蛋白和高鹽。

這些人由於囤積了大量的能量，獲得了更多生存的可能，而且身體中高鹽的儲備，還能讓他們在面對兇猛野獸來襲時，透過血壓升高、擁有更強的奔跑能力來逃生。久而久之，這一脈的基因存活繁衍，直至今日，我們現代人就這樣延續了高脂肪、高蛋白與高鹽的偏好。

在豐饒的環境下，我們因基因的偏好攝入了過多的鹽和糖，同時體力活動又大幅減少，這才讓這些攝入過多的物質囤積在血管中，造成血管狹窄，甚至堵塞，從而誘發人類的心腦血管疾病。

如果要避免落入心腦血管疾病的平行宇宙中，我們可以執行以下三步驟。

第一，定時評估自己的情況。

現在由於網路發達，一些自我評估可以非常快速地完成，比如，有些醫院會有些評估模型，你只需要輸入自己的年齡、地址和一些體檢資訊，就可以非常快捷地辨識自己的心腦血管病患病風險。

第二，合理化你的飲食結構。

坊間許多飲食指南都建議，碳水類食物應佔總熱量供給的五〇%至六五%，脂肪類食物佔二〇%至三〇%，蛋白質類食物佔比一〇%至一五%。醫生還特別指出，很多人誤以為應該盡可能減少脂肪攝入，這是大錯特錯的觀念，因為大量醫學證據表明，長期保持極低脂肪攝入，各類疾病死亡率都會增加。因為當我們執行極端飲食的時候，很容易造成身體協調機制的紊亂。當然，脂肪攝入也有講究，諸如紅肉、牛奶等飽和脂肪酸，需要控制在總能量攝入的一〇%以內。

第三，合理化你的運動。

所有血脂管理指南都會建議你，每天進行三十分鐘以上中等強度的運動。什麼是中等強度的運動呢？你可以買一個心率手環或手錶，監測你的心率，運動強度能將心率維持在一百一十至一百四十左右（每個人略有差異，通常健康APP會根據你的身體情況提供建議範圍）即可，比如，跳繩、橢圓機、快走都是非常合適的中等強度運動。我自己通常會在捷運到公司的路上快走，然後第一個到達辦公室之後，跳十組跳繩，每組一百下，完成每天的運動目標。這樣既節約時間，又不會感覺特別累。

## 避免落入癌症的平行宇宙

癌症是一種惡性腫瘤，這種腫瘤會掠奪身體的營養，不受控制地瘋狂生長，甚至還會從一個器官轉移到另一個器官。由於現代醫療還無法完全戰勝癌症，尤其難以戰勝發現得晚的中晚期癌症，因此，癌症也總是被人們稱為絕症。

那到底要如何盡可能避免落入癌症的平行宇宙呢？要回答這個問題，我們首先要知道癌症病發的原理。

根據《萬病之王：一部癌症的傳記，以及我們與它搏鬥的故事》（*The Emperor of All Maladies: A Biography of Cancer*）的作者、腫瘤學家和普立茲獎獲得者辛達塔・穆克吉（Siddhartha Mukherjee）的研究，癌細胞的出現主要由於基因突變。

我們都知道，人體細胞每天都在分裂，當分裂到一定的數目後，哪怕基因突變的機率很低，也必然會有某些細胞發生基因突變。突變的基因在細胞中不斷累積，當累積到一定程度，原癌基因就可能活化，從而轉變成擁有大量突變基因的癌細胞。癌細胞具有快速生長的能力，因此它會生長得特別快。而有些突變的癌細胞還有運動的能力，所以它會發生轉移。從基因突變的角度來講，得不得癌症取決於運氣。

按照墨菲定律，即小機率事件，無論機率有多小，只要發生的次數足夠多，就必然會發生。那為什麼有些人終其一生都沒有得癌症呢？這就是誘發癌症的第二個關鍵因素——免疫能力。

美國免疫學家、聖路易斯華盛頓大學副校長麥克・金奇（Michael Kinch）的研究發現，在正常情況下，人體的免疫系統會無時無刻檢測身體內的細胞環境，一旦發現癌細胞出現，就會迅速組織力量，前來「清除」癌細胞。所以，儘管癌細胞會時不時地因基因突變而出現，免疫系統也會如同打地鼠一般，「看」到癌細胞就「狠狠地敲上一榔頭」，把癌細胞摧毀。

但凡事都有例外，有些基因突變的癌細胞也有一定機率逃過免疫系統的檢查，更何況當人體免疫能力低下的時候，免疫系統未能清除癌細胞。在這些情況下，癌細胞就會在暗地裡生長，直到免疫系統無能為力。

儘管癌細胞是否會出現，以及癌細胞能不能清除都有運氣的因素，但人類依舊會盡可能降低基因突變出癌細胞的可能性。

你可能聽過一個轉化公式：轉化數量＝總數量×轉化率。

借鑑該公式，在癌細胞基因突變的情況下，癌細胞的轉化數量＝細胞更新數×基因突變率。對於基因突變率，我們暫時無能為力，但我們可以從細胞更新數入手。比如，幽門螺桿菌會持續攻擊胃部細胞，引發胃炎，大量細胞死亡後，人體就會啟動代償機制，促使幹細胞加速分裂，以補充死亡的細胞，從而防止發生胃出血、胃穿孔。

但正是保護我們的代償機制會讓細胞更新數急遽上升，在基因突變率沒有顯著變化的前提下，癌細胞的轉化數量自然也會隨之增加。

所以，從預防胃癌的角度來說，根除幽門螺桿菌是一級預防措施。同樣的邏輯，從預防各臟器癌症的角度來說，防止炎症，防止反覆刺激臟器，使得細胞更新數急遽上升，也是有效降低癌細胞轉化的方法。這也是為什麼，我們要盡可能遠離幽門螺桿菌（胃癌）、煙草（肺癌）、黃麴毒素（肝癌）、檳榔（口腔癌）的原因。

除了遠離引起癌症的刺激源，防微杜漸也是一種方法。北京大學臨床醫學博士、北京大學第三醫院重症醫學科副主任醫師薄世寧老師指出，所有嚴重的慢性疾病都不是突然發生的，而是突然發現的。比如，結腸癌，從一個息肉慢慢變成癌症，通常需要十五年。但人們往往等到腫瘤把腸子堵住了才去做大腸鏡檢查，此時已經無力回天了。我們之前介紹過的奧黛麗・赫本死於結腸癌就是這種情況。

所以，每隔一段時間認真做體檢，尤其是做你以前可能從來沒有做過的胃鏡、大腸鏡等主動篩檢，是非常必要的。畢竟，越早發現，越早干預，存活下來的機率也就越高。

最後，為了避免篩檢出大病心疼大筆醫療支出，捨不得治療，平時花些小錢配置健康醫療險，就能夠再為你以健健康康活到一百歲為目標，增添一份保障。

# 第五節 親密關係

## 家庭和睦的選擇

一個人的人生有多個面向，親密關係就是多個面向中非常重要的一環。但無論男女，如果沒有經過學習，缺乏經驗和技巧，只是依靠本能去愛，那麼這段親密關係可能就很難避免擦槍走火。

法國哲學家盧梭有句話十分精闢：「雖然被屋頂上偶然掉下來的瓦片砸到會很痛，但被一顆蓄意向你丟來的小石子砸到更痛。」親密關係專家、浙江大學應用心理學博士陳海賢老師還在這句話後面補了一句：「如果這顆小石子是愛人丟過來的，這種痛苦還會加倍。」

那麼作為親密關係中的一方，到底要怎麼做，才能讓家庭保持和諧呢？繼續使用「事前驗屍」的技巧，我們先來看看不和諧的家庭通常會發生什麼樣的情況。

## 三類不和諧模式

第一類：熱戰模式。

熱戰模式是家庭情境中最常見的類型。比如，妻子加班回到家，看到丈夫在沙發上「耍廢」玩遊戲，馬上把包包扔在一旁，火冒三丈的大罵：「你就知道玩遊戲，我加班加到現在連飯都還沒吃呢！」

丈夫也很委屈，因為他剛剛收拾好房間，才坐下來放鬆沒多久：「我也很累啊，你怎麼就不知道要換位思考？你看平時房間那麼亂，都是誰收拾的？」

妻子聽了之後更生氣了：「說到收拾房間我就有氣，上次廚房抽油煙機上那麼厚的油，要你清理，都已經一個月都還沒動，還是我後來特地在週末花時間清理的！你看誰家這種粗活是女人來做的！」

丈夫也生氣了，放下手機站起來：「上個月電燈壞了不是我換的嗎？換燈泡是你提醒我我才換的嗎？」

……

你看，這種因為雞毛蒜皮的小事而引發家庭熱戰的模式屢見不鮮，透過反問、挖舊賬等方式在熱戰的熔爐裡添柴加火，很多親密關係就是在這樣的熱戰中對彼此造成了傷害，直到遍體鱗傷依舊走不出熱戰的循環。

第二類：追逃模式。

追逃是親密關係中另一種典型的矛盾模式，主要表現在一方主動表達憤怒的時候，另一方則選擇被動逃避。

比如，妻子在教小孩做作業不耐煩的時候，突然看到一旁正在看著手機傻笑的丈夫，然後就開始指責：「小孩不懂事就算了，你這個男人怎麼也不懂事，每天就知道刷短影音看手機！」丈夫不想吵架，也不說話。妻子就繼續追著說：「你看你，為什麼就是不回應，半天說不出一個字，總是拒絕溝通呢？」妻子越說越激動，說到最後丈夫放下手機，默默走出門了。

在追逃模式中，由於其中的一方說了話但得不到回饋，於是就企圖用更嚴厲的措辭或是更大的音量來獲得回饋，但在另一方看來，你越急迫著想要追，我就越想趕緊逃。所以在這種模式中，從選擇沉默到選擇離開現場就成為被追方的選擇。

在親密關係中，當追逃模式變成了彼此互動的戰或逃反應，那就家庭和睦就很容易變成不可能實現的幻想。

第三類：冷戰模式。

冷戰，也稱冷暴力，它是以冷淡、輕蔑、疏遠、漠不關心等表現形式，在精神和心理上造成對方持續傷害的行為。在冷戰中，雖然表面上聽不到爭吵，但這種貌似平靜的水面下卻暗潮洶湧，在空氣凝固般的氣氛中，隱藏的其實是對彼此造成更深的傷害，猶如鈍刀子割肉一般，令彼此產生精神內耗。

冷戰中的夫妻會不自覺地減少各類肢體接觸，有些甚至還會刻意避免眼神交流。在冷戰期間，經常會看到妻子躺在臥室床上刷手機，丈夫則是坐在客廳沙發上關注自己感興趣的內容。在有孩子的家庭中，小孩成為父母的傳聲筒，孩子在傳話的過程中，也會非常煎熬。

在冷戰模式中，雙方通常都保持緘默，都期望對方能率先低頭認錯。可是，這種等待往往又沒有結果，這就讓冷戰的時間更加漫長，難以忍受。

## 不和諧模式的本質與解法

先來討論「熱戰」，它的本質是情緒失控。

因為在親密關係的互相指責中，一方的語言很可能會激怒另一方，於是被激怒的一方就會使用更激烈的語言開啟自我防禦的戰或逃狀態。而另一方看到對方擺出戰鬥姿態後同樣不甘示弱，於是就會令事態升級，繼而進入「我刺激你，你又反過來刺激我」的負能量增強迴路。

要想走出「彼此刺激」的熱戰迴路其實不難，只要設法掌握非暴力溝通的語言範式，就有很大的可能將彼此從負能量增強迴路中解放。

具體的做法也並不複雜，總共分為三步。

第一步，說事實。就是陳述一般客觀事實，陳述事實不容易激化對方的敵對情緒，卻能即時有效地同步資訊，觸發同理心。比如，妻子加班到家，看到丈夫躺在沙發上玩手機，就可以說：「親愛的，我剛加班回到家，路上塞車塞了一個小時。」

第二步，說感受。感受是一種觀點，是在說明自身的主觀情緒。和指責對方不同，藉由說出自己的感受，可以讓對方瞭解到你的內心世界和真實想法。比如，妻子可以接著說：「我現在感覺又餓又累。」

第三步，說請求。很多夫妻不願意直接把自己的請求說出來，想要讓對方去猜，甚至覺得自己的另一半就應該熟知自己的想法。但真實的情況是，就連自己有時也可能不清楚自己的訴求，更何況是另一個完全獨立的人。所以，妻子如果想休息一下，可以這麼說：「我想先在沙發上躺一下，你能幫我煮一碗麵嗎？」

你看，在進行了「事實」與「感受」的鋪陳後，直接了當地陳述自己的「請求」，是不是比較不容易激發對方的負面情緒，更有利於解決事情，從而避免發生無謂的「熱戰」？

再來說「追逃」。「追逃」通常是從「熱戰」演化而來的。

在「熱戰」後期，一方由於精神能量不足，擔心自己正面迎擊會讓彼此重新回到「熱戰」耗能的狀態。於是，其中一方就學會了「逃避」。

但原以為躲避可以節省能量，卻忽視了「沒有回饋猶如深淵」的威力。因為自己的躲避非但沒有讓另一半的窮追猛打停止，反而引發對方想要用更猛烈的力道來獲得回饋的反應。如此往復，一個想逃，一個要追，結果越追越逃，越逃越追。

所以，「追」的本質是渴求回饋，而「逃」的本質則是懼怕給出回饋。

想要破解「追逃」局面其實非常簡單：追者停追，逃者停逃。

當一方「追」來時，「逃」的一方就要設法勇敢地直視問題，解決問題。比如，妻子指責丈夫為什麼不管管小孩，丈夫就可以選擇放下手機，主動出擊，去研究孩子到底怎麼了：是計算題不願意寫步驟的態度問題，還是題目太難、不會做的能力問題？

而在看到一方開始「逃」了，「追」的一方不妨先停止進一步「追」的步伐，審視自己的溝通模式是否能達成自己想要的結果。接下來可以選擇換一個情境，用事實、感受、請求的方式把問題重新溝通一遍。比如，妻子可以和丈夫說：「這孩子做一道題目要十五分鐘（事實），我覺得他是想偷懶不寫步驟（感受），你等一下能不能寫一道題目給他看（請求）？」

只要把前因後果和訴求描述清楚、好好溝通，對方就能知道要怎麼樣配合你。

最後，我們來看「冷戰」，「冷戰」的本質是雙方不再願意產生感情連結了。

這是非常可怕的。試想，曾經熱戀的雙方不再有意願和對方擁抱，甚至連一句話都不想和對方說了。但隨著時間的推移，當情緒逐漸歸於平靜的時候，親密關係中的一方或者雙方也會有重歸於好的意願。

那麼，到底要怎麼做，才能將彼此從「冷戰模式」中解放呢？這裡需要分類討論。

一類是比較輕微的冷戰，可能只有半小時，頂多幾小時。這時，一個行之有效的選擇是其中一方把臉貼到對方的臉上摩擦。因為根據體現認知（Embodied cognition）的原理（生理體驗與心理狀態之間有著強烈的聯繫，只要優先做出親密舉動，生理體驗就會「活化」心理感覺，雙方就能重新產生親密關係），做出這類親密舉動時，彼此身體內部會分泌催產素，它能有效降低人體內的壓力程度，繼而有利於彼此重歸於好。

但另一類比較嚴重的冷戰，可能已經持續好一段時間了。此時，一個突如其來的臉部摩擦非但無法達到重歸舊好的目的，反而會引發反感。此時，選擇進行一場深度的溝通就非常必要。

哪怕在這場溝通中，「冷戰」會向「熱戰」過渡，但這反而是個積極的信號。因為它意指由於「冷戰」不再連結的兩個人又重新開始有了連結。把彼此內心的想法都攤在檯面上，把亂糟糟的情緒重新梳理清楚，將心結解開，那麼兩人就有可能如同電腦重啟一樣，重新連結彼此的情感。

親密關係不是簡單的事情，如果想讓彼此進入一個和睦的平行宇宙，就要像陳海賢老師說的那樣：「愛，需要學習。」

# 第六節　薛丁格的貓

## 從此刻開始新的人生

很久以前，我看過一部叫作《蝴蝶效應》（*The Butterfly Effect*）的電影。影片中的男主角可以藉由閱讀過往筆記的方式，穿越到過去的某個關鍵情境，做出不同選擇，採取不同行動。而這個小行動就如同「南美洲亞馬遜流域熱帶雨林中的一隻小蝴蝶，牠搧動幾下翅膀，結果在兩個星期後造成美國德州發生一場龍捲風」，引發了一系列意想不到的後果。

每個人的一生都會在很多時刻有這樣或者那樣的不同選擇。小到你和主管或是你跟孩子溝通時使用了不同的策略，做出了不同的約定；大到當你手上握有幾個不同Offer時，最終選擇加入哪家公司，認識了哪些不同的人，從而產生了不同的化學效應，跟他們發生了不同的故事。

所以，在我三十多年的人生中，經常會思考，如果在某個狀況下，如果當時我做出了另一個選擇，現在的生活會有什麼不同？

## 少有人爬的坡

我的第一份工作是透過父執輩的關係，懵懵懂懂下進入了當時國內最大的晶片代工企業。我在這家企業一待就是五年。無法否認的是，大企業的培訓體系比較完善，我在其中學到了很多系統方法，它們在我的認知框架中銘刻了不可磨滅的烙印。可是，成為企業體系中的一個小螺絲釘，以後成長為更大的零件，這真的是我想要的人生嗎？

一個契機，迫使我看到了一條嶄新的路。二〇〇八年，金融危機席捲全球，作為一家代工廠，訂單量銳減，企業決定降低成本增加效率，實施無薪假，降低人力成本。我在「危機」當中看到了「機會」，因為薪資減少後，我的機會成本也變小了。

於是，思考了一段時間後，在二〇〇九年七月七日下午，我鼓起勇氣，走進主管辦公室，向他提出了離職的請求。主管是新加坡人，平時戴著一副厚重的黑框眼鏡，他抬起頭看著我的眼睛，問我：「聖君，你想清楚了嗎？」我感覺自己抿了一下嘴，然後重重地點了點頭。

現在看來，當時的我就是一隻薛丁格的貓，走出那間辦公室之前有兩種可能：要麼主管成功留住我，要麼從此踏上一段全新的旅程。平行宇宙從此刻開啟，裂變為兩段完全不一樣的人生。我目前所在的平行宇宙正是其中一個。走出辦公室後，我開始了離職前的特休模式，開始建構創業的內容。

但創業九死一生，三個月的時間，由於缺乏經驗，創業很快就失敗了。而我的老東家有一個非常有趣的傳統：歡迎過去離職的員工回去，但僅限一次。於是，我又選擇回到了原來的職位。看起來創業就是創了個寂寞，但之前的直屬上司卻說：「聖君，你這次回來後，我感覺你似乎像是換了一個人。」

這就是當時出去創業的決定和實踐後帶給我的實際變化，讓我從一個被動接收行動指令的執行者，開始擁有了思考的靈智，能夠切換到經營者的角度，開始探求一切問題的本質。

後來，我讀了很多書，認識了不少更有智慧的人。擴大了認知邊界後，我才知道，正是從那時開始，我抵達了我們在之前的內容中講到過的人類認知水準四階段中的一個階段，也就是「愚昧之巔—絕望之谷—開悟之坡—平穩高原」中的「絕望之谷」，成為鄧寧·克魯格效應的提出者大衛·鄧寧教授口中少數能開始爬上「開悟之坡」的「開竅之人」。

## 成為「開竅之人」

是的，就像鄧寧·克魯格效應所說的那樣，這個世界上九〇%以上的人都位於「不知道自己不知道」的愚昧之巔。他們活在自己的低層次世界中，由於不知道自己不知道，所以內心活得自在且固執，周圍的人很難喚醒他，直到他受到某個「刺激」從內部打破自己。

這個「刺激」可能是某次創業失敗，也可能是被主管用言語狠狠地衝擊了一次，又或者是被以前的老同學、老朋友彎道超車，迎頭趕上。但正是這個「刺激」產生的「疼痛」，讓人感受到了危機，於是，終於跌入「知道自己不知道」的「絕望之谷」。

絕望之谷無疑是焦慮痛苦的。在我的創業計畫被大型網路公司藉由模組化軟體被迫退出市場後，痛苦的不只是我，甚至我的妻子也感受到了巨大的壓力，上班前我時常會把自己關在廁所哭一陣。你看，「開竅」伴隨著疼痛，是受傷，但傷口也恰恰是光能照進來的地方。此時，在這些受到刺激的人當中，有一部分人就會開始走上「開悟之坡」。

沒錯，當我發現自己的能力配不上自己的期待後，我開始瘋狂讀書、聽課，製作行動計劃，期待能從外部獲取養分、提升認知，從行動過程中獲得回饋、收穫體感。當然，真正能讀進書、完整聽完課程的人其實不多。我身邊有很多人都是買書買課如山倒，讀書聽課如抽絲。更何況真正能實踐行動計劃、持續推進的人就更少了。

所以，最痛苦的人，其實是開始思考卻沒有行動的人。

人們為什麼無法行動呢？因為進化論讓大腦天生就更愛節約能源，所以「躺平」會變成人們掛在嘴邊，用來自嘲、緩解焦慮情緒的詞語。人們在焦慮與躺平的自嘲中止步不前，客觀上就形成了拖延症。拖延症的本質是大腦趨利避害的短視，是躊躇不前的風險厭惡，還是安於現狀的胸無大志。

所以，「知道」離「做到」的距離才會如此遙遠。通曉很多簡單道理的人唯有行動起來，才能真正過好這一生。

接下來就是「持續行動」，去不斷試錯。讓我們來看看那些彎道超車的人，他們到底是怎麼做到的呢？真相很殘酷，卻又很真實。多數沒有傘的孩子才會在大雨裡拚命奔跑，只有少數有傘又能放下傘的人才不會被傘的阻力拖累，從而逆風前行。上帝會擲骰子，機率論鼓勵不斷用實踐試錯的人，因為只有這樣才能獲得「連續行動的運氣」。

就像我們曾經說過的，二十九次嘗試後，一件失敗率高達九〇%的事情，也會有九五%的可能至少做成一次（九〇%的二十九次方約等於五%，1－5%＝95%），更何況試錯本身獲得的回饋還能讓人提升思考能力，而且失敗的經驗能進一步降低之後的失敗率和減少試錯次數。

不過，此時可能又會有人說：「不對不對，你說得不對。『一命二運三風水，四積陰德五讀書。』」醒醒吧，我們真正能掌控的部分其實很少很少。但這些「很少」有可能決定我們一生的發展。我們需要做的是把這個部分做到極致，把剩下的交給老天。

用平靜接受我們無法改變的，用勇氣全力改變我們可以改變的，用智慧分辨兩者的不同。

善戰者，對過程苛刻，對結果釋懷；善戰者，盡人事，聽天命。

所以，對所有人來說，一生中可能會遇到很多不公平的事情，但有兩樣東西特別公平，那就是注意力和時間。你的注意力放在了美食、酒精或是手機上，對酒精、手機上癮，你能收穫「快感」或「快樂」；你的時間花在精進某種具體的能力上，一段時間後，你能收穫的，是在這個方向上的結果，你能收穫這種有意義的「幸福」。

拿我自己舉例，自從走上「開悟之坡」後，我第一階段對自己的要求是每星期至少保持閱讀的習慣，到了下個階段，則變成了每天至少完成五百字寫作，每年出版至少一本書。做到「日拱一卒，偶爾猛進」，這是一個循序漸進的過程。當我出版到第二十九本書的時候，可能會有一本在這個世界上留下足跡，而當完成第五十本書的時候，這個機率應該會更大。

所以，你也可以把這本書想像成一個薛丁格的貓的盒子，而你就是盒子裡的貓。一種可能，這本書只是無數本普通的書之一，它無法給你帶來任何知識和行動上的改變，你只是閱讀了它，覺得有些部分說得有些道理，僅此而已；而另一種可能，這本書激勵了你，讓你也選擇從此刻爬上「開悟之坡」，從最小的行動開始，向著「平穩高原」一步步前進。

# 最後的話

最後，我想說，如果你還在迷茫，說明你缺少一個刺激的觸動，本書或許會成為你的起點；如果你正處於人生低谷，也不一定是壞事，因為不遠處，極可能即將是你開始思考和行動起來的地方；如果你正在拚命地奔跑，請一定要加油，因為多思考能讓單次失敗的機率下降，多行動能讓整體成事的機率提升。

是的，這本書已經接近尾聲了，但對你來說這只是開始。《活出意義來》（*Man's Search for Meaning*）中曾經有一句話打動過我，我也希望能打動到你，「人，永遠可以在任何時刻做出選擇」。

所以，無論你現在是誰，不用焦慮，也不要著急。因為「穩扎穩打、腳踏實地」「慢慢來，比較快」。

我相信，你一定能藉由對勝率、賠率、下注比例的理性思考，用對標法則、魯莽定律和導航思維先試錯；在構建好反脆弱性與自我複雜性的同時，規劃好自己每天「前行三十二公里」的標準動作；從擁有基礎版「連續行動的運氣」到支配高級版「心智定位的運氣」；最後，透過一次又一次有策略的選擇與篤定的實踐，在生活與工作的各類情境中，成為你理想中的模樣。

這是我寫完的第八本書，根據完成五十本書的目標，完成度為一六%。

蘇東坡晚年曾經留下過一句話，叫作「著力即差」，意思是，一個人，如果過於追求某個事物，求勝心切，導致用力過猛，失敗的可能性就大。所以凡事需要慢慢來。

寫作這件事情，我要特別感謝曾經出現在我的生命中的幾個人，是你們把我帶到了這個「成為作家」的平行宇宙，讓我每天醒來，都能透過一點一滴的努力，得以享受寫作的樂趣與成果，把知識傳遞與分享給讀者。

第一個人，是我的父親何權森。在我小學四年級寫不出作文《貓》的時候輔導了我，不僅讓我得到了高分，而且還讓當時年幼的我知道了什麼叫作「細節描寫」，令我首次在寫作這件事情上獲得了正回饋。

第二個人，是我中學時期的班導師施惠琳女士。當我寫下上海人在「黃梅天」前後對天氣的矛盾情緒後，施老師評價我的這篇作文有點像《圍城》的感覺。從此，我見到書就心生歡喜，閱讀書籍幾乎毫不費力。

第三個人，是我報考研究所期間，在復旦大學校園裡聽課時偶爾遇到的一位老師。雖然已經不記得他的姓名，但他分享的使用「黃金思維圈」（為什麼、是什麼、怎麼做）的寫作手法，讓我第一次對文章的結構有了清晰的認識。

這些啟蒙、引導與指點如今看來似乎不值一提，但是對當時的我來說，卻是開啟一個個更佳平行宇宙的契機。在這裡，我要由衷地感謝你們。

同時，我也要感謝出版社的編輯老師，讓我在寫作的同時，也在不斷提升認知和迭代自己。

另外，我還要感謝我的愛人王怡女士和兒子何昊倫小朋友，你們在我寫作的路上給了我諸多啟發，在生活中也讓我不斷實踐獲得親密關係與親子關係的幸福法則。

最後，還要感謝和祝福讀到這裡的你，祝福你不斷地在人生的旅途中做對一個個選擇，有策略地奔向更佳版本的自己。

亞當斯密 042

# 薛丁格的貓

掌握選擇，利用運氣，操控機率，讓你成就事業並獲得財富的致勝法則

Schrödinger's cat: mastering choices leveraging luck and influencing probabilities—a winning strategy for achieving success and wealth.

作者　何聖君

---

堡壘文化有限公司

總編輯　簡欣彥

副總編輯　簡伯儒

責任編輯　簡欣彥

行銷企劃　黃怡婷

封面設計　周家瑤

內頁構成　李秀菊

---

出版　堡壘文化有限公司

發行　遠足文化事業股份有限公司（讀書共和國出版集團）

地址　231新北市新店區民權路108-3號8樓

電話　02-22181417

傳真　02-22188057

Email　service@bookrep.com.tw

郵撥帳號　19504465遠足文化事業股份有限公司

客服專線　0800-221-029

網址　http://www.bookrep.com.tw

法律顧問　華洋法律事務所　蘇文生律師

印製　呈靖彩藝有限公司

初版1刷　2025年8月

定價　新臺幣390元

ISBN　978-626-7728-28-4 (EPUB)

ISBN　978-626-7728-29-1 (PDF)

ISBN　978-626-7728-30-7（紙本）



國家圖書館出版品預行編目（CIP）資料

---

薛丁格的貓：掌握選擇，利用運氣，操控機率，讓你成就事業並獲得財富的致勝法則＝Schrödinger's cat: mastering choices leveraging luck and influencing probabilities—a winning strategy for achieving success and wealth.／何聖君著. -- 初版. -- 新北市：堡壘文化有限公司出版：遠足文化事業股份有限公司發行, 2025.08

面；　公分. --（亞當斯密；42）

ISBN 978-626-7728-30-7（平裝）

1.CST: 成功法　2.CST: 自我實現

177.2　　114010600